KB077035

외모에는 반드시 그 사람의
심리가 드러나게 되어 있다

잠재력부터 성격, 섹스취향까지 외모로 알 수 있는 모든 것

외모에는
반드시 그 사람의
심리가
드러나게 되어 있다

시부야 쇼조 지음 | 김정환 옮김

센시오

복잡한 심리를 비추는, '외모'라는 투명한 거울

김 대리 이야기

중요한 거래처 미팅 후 서로 깍듯하게 고개 숙여 인사하고 헤어지는 순간이다. 거래를 성사시키기 위해 최선을 다했는데도 뭔가 미진한 부분이 있었던 것 같아 마음에 걸린다. 뭐라고 한마디 더 덧붙이고 싶어 우물쭈물하다가 타이밍을 놓치고는 멋쩍게 돌아서고 말았다.

지혁 씨 이야기

여자친구와 한바탕 말다툼을 한 뒤 테이블을 사이에 놓고 마주 앉았다. 눈을 내리깐 채 커피 잔만 만지작거리는 그 사람. 방금 전에 '너랑은 이제 끝'이라는 소리까지 들었지만 진심은 아닐 거라고 믿고 싶다. 어디서부터 실마리를 찾아야 할까?

민영 씨 이야기

오랜 시간 믿고 의지했던 친구가 요즘 들어 이상하다. 서로에 대해 모르는 게 없는 죽마고우라 생각해서 너무 편하게만 대했던 걸까. 어쩐 일인지 내 연락을 피하는 것 같고 간만에 만나도 전

같지 않게 서먹하기만 하다. 내가 무슨 실수를 했는지 돌이켜 봐도 도무지 짚이는 데가 없다. 도대체 뭐가 문제인 걸까?

사람들은 저마다 자신의 세상을 산다. 그리고 하루에도 수없이 다른 세상의 사람들과 만나고, 부딪치고, 때로는 상처를 내고, 또 때로는 함께 섞여들기도 한다. 그러면서 문득문득 궁금해진다. 저 사람은 왜 저렇게 말하고 행동하는 걸까? 저런 태도는 어떻게 해석해야 하는 걸까? 너와 나의 세상은 왜 이다지도 다른 걸까?

이 책의 저자는 이 복잡한 문제의 해답을 사람의 '외모'에서 찾을 수 있다고 말한다. 의과대학 교수이자 심리학과 교수로서 '공간 행동학'이라는 영역을 개척하고 오랜 시간 사람의 몸짓과 말투를 연구한 저자는 '비밀의 98퍼센트는 사람의 겉모습에 다양한 코드로 드러난다'고 강조한다.

여기서 말하는 외모란 얼굴 생김새와 체형은 물론이고 옷차림, 헤어스타일, 표정과 동작, 시선 처리, 말버릇 등 한 사람이 자신을 겉으로 표현하는 모든 방식을 의미한다.

아침에 옷장 문을 열고 선택하는 옷의 스타일이 저마다 다르고, 조합하는 색상이 다르다. 눈에 띄는 화려한 액세서리를 좋아하는 사람이 있는가 하면 작은 액세서리로 포인트만 주는 것을 좋아하는 사람도 있다. 또한 누구든 자신도 모르게 입에 붙은 말버릇이 있고, 자주 사용하는 제스처가 있다.

이 책은 심리학의 관점을 적용하여, 외모의 모든 요소에서 그 사람의 심리와 성격, 본성과 취향을 읽어내는 방법을 섬세하게 짚어준다. 여기서 핵심은 상대방의 코드를 이해하는 것이다. 사람마다 다른 코드가 어떤 여과장치를 거쳐 외모에 반영되는가를 알고 나면 세상은 새로운 모습으로 우리 앞에 드러난다. 빽빽한 숨은그림찾기로 머리를 싸매다가, 빨간색 동그라미로 힌트가 그려진 답안을 손에 넣은 듯한 기분이 들 것이다.

앞서 소개한 세 가지 장면 또한 '외모로 심리 읽는 법'을 알고 난 뒤라면 전혀 다르게 보일 수 있다.

김 대리는 중요한 거래처 미팅 자리에서 상대방의 옷차림과 헤어스타일로 어느 정도 성향을 파악한다. 그 사람이 테이블에 앉은 위치로 내 제안에 어느 정도 마음이 열려 있는지 짐작한 뒤, 자신의 코드들을 의도적으로 노출하여 상대방과의 거리를 좁히고 은연중에 나에게 동조하도록 유도한다.

지혁 씨는 여자친구의 표정과 손동작에서 힌트를 엿보고 한 발 다가설 타이밍을 정확히 포착한다. 굳이 이런저런 말로 떠보거나 대답을 강요하지 않고도 자연스러운 화해 분위기를 만드는 데 성공한다.

민영 씨는 친구와 있었던 지난 일들을 돌아보다가 중요한 실수가 있었음을 깨닫는다. 자신이 무심코 반복한 말버릇 중 하나가, 친구의 예민한 부분을 찔러서 상처를 주었음을 깨닫고서 진심으로 사과를 한다. 그 말버릇을 깨끗하게 고치는 건 물론이다.

"중요한 것은 사람들의 행동 방식에 의문을 제기하고 거기에 스스로 답을 찾으려 노력한다는 사실이다. 그 과정에서 우리는 지금껏 인식하지 못했던 인간의 다양한 일면들을 엿보게 된다."

저자의 말대로, 우리는 '외모'라는 자명하면서도 비밀스러운 수단을 통해 타인을 이해할 수 있고 나를 이해시킬 수 있다. 이 책에서 말하는 '마음 읽기 심리학'을 일상의 곳곳에 활용해보기 바란다. 다른 사람들의 세상이 한층 투명하고도 친절하게 다가올 것이다.

목차

비밀의 98퍼센트는 외모에 드러난다

'겉'을 알고 '속'을 알면 백전백승!

3장
사랑의 거리를 좁히는 '겉 읽기'의 심리학

4장
방금 그 행동은 무슨 의미일까? 머리부터 발끝까지, 몸짓 읽기

손, 절대로 거짓말을 하지 않는 곳

몸, 무의식이 드러나는 캔버스

5장 무심코 뱉는 말버릇에서 본심이 보인다

6장
마음을 녹이고 움직이는 '말의 겉모습'

7장 외모의 작은 변화로 '되고 싶은 나'를 연출한다

8장 '겉으로 속 읽기'가 중요한 이유

비밀의 98퍼센트는
외모에 드러난다

Question

이 그림에서 가장 인상적인 부분은?

1. 산책하는 강아지
2. 데이트하는 연인
3. 분위기 좋은 커피숍
4. 보기에 없는 다른 요소

사람마다 다른 자기만의 코드가 있다

자세한 설명은 22페이지에

비밀의 98퍼센트는
외모에 드러난다

슈트와 넥타이에 속지 말라

다음은 어떤 심리학 실험의 내용이다. 고급스러운 비즈니스용 슈트를 입고 손에는 서류 가방을 든 한 남자가 횡단보도 앞에 서 있다. 남자는 신호가 파란불로 바뀌기도 전에 성급히 도로로 발을 내딛는다. 다음으로, 똑같은 남자가 청바지에 티셔츠 차림을 한 채 같은 방법으로 무단횡단을 한다. 각각의 경우에 얼마나 많은 사람들이 이 남자를 따라 길을 건넜을까?

결과부터 말하자면, 슈트를 입고 서류 가방을 들었을 때 남자를 따라서 무단횡단을 하는 사람들이 더 많았다. 일반적인 시선으로 봤을 때, 격식 있는 복장을 갖춘 사람은 사회적 지위가 높고 능력도 있는 것처럼 비친다. 다시 말해 '신뢰할 수 있는 사람'이라는 인상을 준다. 그래서 '이런 사람도 하는 행동인데 그렇게 나쁘거나 위험하진 않겠지.' 하는 생각을 순간적으로 하게 된다.

기억해두면 유용한 심리학 용어

★소셜 파워: 특정 인물이나 집단이 영향력을 발휘하여 자신의 의견에 동조하고 따르도록 만드는 힘

무단횡단 실험에서도 이와 같은 심리가 나타난 것이다.

이처럼 주위 사람들의 행동에 영향을 미치는 힘을 소셜 파워라고 부른다.

외모에서 마음을 읽는 능력

이 남자가 발휘한 소셜 파워의 근원은 바로 외모다. '나는 사회적 지위가 높고 상당히 능력 있는 사람입니다'라는 코드를 겉모습에 장착하고 주위에 발신함으로써 사람들의 행동을 지배한 것이다. 누군가의 행동이나 말, 복장 등에 담긴 코드는 사람들이 공통적으로 인식할 수 있는 의미를 발신함으로써 의사소통을 돕는다. 이런 코드를 의식적, 무의식적으로 해독하는 것을 디코딩이라고 하는데 이는 우리의 일상에서 끊임없이 일어나는 과정이기도 하다. 소셜 파워가 있는 사람들은 자신의 코드를 능숙하게 다룰 줄 안다. 또한 디코딩 능력도 뛰어난 경우가 흔하다. 바꿔 말하자면, 사람의 '외모'에서 마음을 읽는 능력은 '외모'로 사람들을 움직이는 능력과도 연관된다는 이야기다.

그렇다고 디코딩이 소수의 사람들만 보유한 특수한 재능인 것은 아니다. 물론 천재적으로 디코딩 능력이 뛰어난 사람들도 있지만, 누구든 의식적으로 디코딩을 연습하고 계발할 수 있다.

기억해두면 유용한 심리학 용어
★디코딩: 암호의 해독. 본문에서는 사람의 행동이나 말에 드러나는 신호 속에서 특정한 의미를 파악해내는 것을 가리킴

사람은 보고 싶은 것만 본다

두 사람이 같은 지하철역에서 내려 목적지까지 함께 걸어간다고 해보자. 눈에 들어온 풍경은 똑같았을 테지만 "오는 도중에 뭘 봤나요?"라고 물으면 아마 서로 다른 이야기를 할 것이다. 다른 사람의 이야기를 들으며 "정말? 난 못 봤는데. 그런 게 있었어?"라며 놀랄 수도 있다.

왜 이런 일이 일어날까? 그 이유는 우리가 '눈에 들어오는 모든 것을 보지 않기' 때문이다. 사람은 관심 없는 정보는 지나쳐버린다. 코드가 눈에 들어오기는 했지만 처리를 하지 않아서 기억에 남지 않는 것이다. 심리학에서는 이런 현상을 보이지 않는 고릴라라는 재미있는 용어로 설명한다. 농구 코트에서 고릴라 의상을 입은 사람이 가슴을 두드리는 특이한 장면조차, 관심을 기울이지 않으면 인지하지 못한다는 흥미로운 실험 결과에서 도출된 용어다.

가령 정원 가꾸기에 관심이 있는 사람은 목적지에 도착해 이런 이야기를 할 것이다.

"어떤 집 마당에 단풍나무를 심어놨더라고요. 아주 운치 있던데요."

먹는 것을 좋아하는 사람은 또 다른 이야기를 할 것이다.

"이 동네에 의외로 이탈리아 레스토랑이 많더군요. 유기농 재

기억해두면 유용한 심리학 용어

★보이지 않는 고릴라: 한 가지에 집중하면 명백히 존재하는 다른 것을 보지 못하는 현상을 가리킨다. 1999년 하버드 대학 심리학과의 어느 실험에서 피실험자들에게 농구 경기 영상을 하나 보여주었다. 영상 속에는 검은색 셔츠와 흰색 셔츠를 입은 선수들이 등장했는데 그중 흰색 팀이 시도한 패스의 숫자만 세도록 지시했다. 사실 경기 영상 한중간에는

료를 쓴다는 가게도 있던데 다음에 한번 가보고 싶네요."

커뮤니케이션이란 '같지만 사실은 다른 것을 본' 두 사람이 하는 것이다. 다른 사람의 눈에는 뚜렷이 들어오는 코드가 내 눈에는 보이지 않을 수도 있고, 다른 사람이 의미를 실어 표현한 코드에서 나는 아무것도 감지하지 못할 수도 있다. 디코딩의 원칙은 바로 상대방이 발신하는, 무심코 흘려보내기 쉬운 코드를 의식적으로 읽어내어 그 사람의 '진짜 모습'에 한걸음 더 가까이 다가가는 것이다.

링컨에게 수염이 없었다면?

"아저씨가 수염을 기르신다면 인상이 훨씬 부드러워 보여서 사람들이 모두 아저씨한테 투표할 거예요."

대통령 선거에 입후보한 링컨은 어느 날 이런 내용의 편지를 한 통 받았다. 편지를 보낸 사람은 그레이스 베델이라는 열한 살 소녀였다. 링컨은 이 조언을 받아들였고 수염을 기른 모습으로 선거 운동에 나섰다. 그 결과 전 부대통령인 존 브레킨리지 (John Cabell Breckinridge)와 민주당의 실력자 스티븐 더글러스(Stephen Arnold Douglas) 등을 큰 차이로 따돌리고 미국의 제16대 대통령에 취임했다.

링컨이 특유의 수염과 구레나룻을 기르기 전의 사진을 보면

고릴라 의상을 입은 학생이 무대 중앙에서 킹콩 흉내를 내는 장면이 들어 있었지만, 고릴라를 보았다고 대답한 피실험자는 절반도 되지 않았다.

우리에게 익숙한 품격 있는 이미지와는 상당히 거리가 있다. 움푹 파인 볼 때문에 뭔가 고집스럽다는 인상을 주며 확실히 안정감이 떨어진다. 실제로 당시 링컨은 깡마르고 볼품없는 외모로 정적들의 공격을 받곤 했다.

남북전쟁에 승리하고 노예 해방을 실현한 위인임에도 그 인물을 평가할 때 수염 하나의 위력을 무시할 수 없다니, 외모란 결코 만만하게 볼 것이 아니다.

이처럼 수염은 '관록'의 이미지를 부여하기 때문에 젊은 나이에 성공한 경영자들 중에는 일부러 수염을 기르는 경우도 종종 있다. 어리다는 이유로 거래처나 경쟁업체가 쉽게 보지 못하도록 수염으로 위엄을 표현하는 것이다.

외모의 힘을 믿었던 링컨

링컨의 인생을 돌아보면 디코딩이 무엇인지 잘 아는 사람이었다는 생각이 든다. "남자 나이 마흔이 되었으면 자신의 얼굴에 책임을 져야 한다"라는 유명한 어록을 보아도 그렇다.

링컨이 내각 인사를 단행할 때 있었던 일이다. 참모 중 하나가

수염이 없는 링컨   수염을 기르자 위엄 있고
안정적인 이미지로 바뀌었다.

"이 사람은 어떻습니까?"라며 한 인물을 추천했다. 링컨은 이렇게 말하면서 단번에 퇴짜를 놓았다.

"이 사람은 얼굴이 마음이 안 드는군. 안 되겠어."

"얼굴과 능력은 상관없지 않습니까?"라며 참모가 항의하자 돌려준 대답이 바로 '남자 나이 마흔'에 관한 유명한 어록이었다.

다만 링컨이 얼굴을 평가한 기준은 '잘생겼는가 혹은 못생겼는가'는 분명 아니었을 것이다. 그전까지 많은 경험을 하면서 '이런 얼굴이 일을 성실히 잘하더라', '이런 인상은 보통 말만 앞세우지.' 하는 나름의 패턴을 축적한 것이 아닐까? 그렇게 형성된 자기만의 코드를 바탕으로 사람들을 분석하고 선택했을 것이라 생각한다.

링컨이 재임하던 시기, 미국은 남북전쟁으로 긴박한 시국을 맞았다. 그랬기에 그 어느 때보다도 통찰력 있고 실력이 뛰어난 장관이 필요했다. 그렇다고 해서 내각 구성에 마냥 시간을 허비할 수는 없었다. 머뭇거리다가는 전쟁에 패할지도 모르는 상황이었다. 그래서 링컨은 자신의 머릿속에 축적된 데이터베이스와 직관을 바탕으로 빠른 판단을 내릴 수밖에 없었을 것이다.

'외모'가 지닌 힘을 숙지했던 링컨은 열한 살 소녀의 조언대로 수염을 길렀고, 자신의 뜻을 보필할 인물을 현명하게 선택했다. 그는 1865년 암살당하기 전까지 계속 수염을 길렀다.

적과 아군을 구분하는 센서

"기밀 정보의 98퍼센트는 이미 공개된 정보를 정리하면 얻을 수 있다."

일본 외무성 관료를 지낸 작가 사토 마사루(さとうまさる)는 자신의 저서에서 이렇게 말했다. 이는 사람의 심리를 읽을 때도 마찬가지다. 어떤 사람이 속으로 숨기려 하는 비밀은 사실 그 사람의 겉모습에 나타나는 반응이나 몸짓, 사소한 발언 같은 정보에 고스란히 드러날 때가 많다.

누군가를 처음 만났는데 '이 사람하고는 뭔가 통할 것 같아'라든가 '이유는 딱히 없지만 왠지 마음에 안 들어'라고 느낀 적이 있는가? 이야기를 제대로 나눈 것도 아닌데 '이 사람 뭔가 음흉한 느낌인데. 솔직한 사람은 아닌 것 같아' 라는 생각이 들 때도 있다.

이는 인간의 동물적인 감각이 발휘되는 경우로, '적'과 '아군'을 구별하기 위한 무의식적인 행동이라고도 할 수 있다. 마음속에 있는 센서가 발동해서 상대를 가까이해도 될지 그렇지 않은지를 알려주는 것이다.

다만 대부분은 이런 반응을 자각하지 못하기 때문에 사람들과 관계를 형성할 때 이 정보를 효과적으로 활용하지 못한다.

'속마음'이라는 퍼즐 맞추기

사람을 보는 눈썰미가 남다른 사람은 상대방의 몸짓과 말 속에 숨은 정보를 정확히 감지한다. 정보 분석 전문가가 흩어진 정보를 이어 붙여서 기밀 정보를 손에 넣듯이 사람의 속마음을 꿰뚫어보는 것이다. 바꿔 말하면 인간의 본심은 흩어져 있는 직소 퍼즐 같은 형태로 이미 눈앞에 드러나 있다. 그러나 퍼즐 맞추는 법을 모르는 사람에게 그것은 그저 별 의미 없는 잡동사니일 뿐이다. 물론 한 사람을 다양한 방향으로 깊이 알기 위해서는 많은 이야기를 나누고 오랜 시간을 함께해야 할 것이다. 여기서 하고 싶은 이야기는, 그 사람의 본질을 '외모'만으로도 어느 정도는 알수 있다는 것이다.

관심이 가는 사람의 '진짜 모습'을 상대가 눈치 채지 못하게 엿볼 수 있다면 어떨까? 혹은 상대방이 내 의견에 찬성하도록 자연스럽게 유도할 수 있다면? 마치 첩보 영화의 한 장면처럼 보이겠지만 디코딩의 원리와 방법만 안다면 마냥 허황된 이야기만은 아닐 것이다.

옷차림이 화려한 사람은 성격도 화려하다?

얼굴이나 체형과 달리 스스로 선택할 수 있는 옷차림은 그 사람이 살아가는 방식을 보여준다. 그런 점에서 옷차림은 자신이 어떤 사람인지를 눈에 보이는 형태로 드러내는 도구다.

그렇다면 화려한 옷을 입은 사람은 어떨까? 과감한 원색의 옷이나 크고 독특한 무늬가 있는 옷, 사슬이나 징 같은 장식이 달린 옷을 입은 사람은 그저 튀고 싶어 하는 성격인 걸까? 간단히 말하자면 반드시 그렇다고 할 수는 없다. 이 사람들의 마음 밑바닥에는 불안감이 자리하고 있다. 자신을 무언가로부터 지키고 싶다는 자기방어적인 심리에서 그런 옷을 택한 것이다.

경찰관이 입는 제복에도 같은 의미가 있다. 이들의 업무는 기본적으로 위험이 따른다. 언제 총이나 날붙이, 폭력을 맞닥뜨릴지 모른다. 제복은 그런 위험으로부터 지켜주는 갑옷 역할을 한다. 고유한 형식을 갖춘 제복을 입음으로써 불안감에 압도되지 않고 직무를 수행할 수 있는 것이다. 심리학자 피셔는 "인간은 알몸일 때 가장 불안감을 느낀다"라고 말했다. 인간이 옷을 입는 중요한 한 가지 이유가 바로 그런 불안을 없애는 것이다.

영화 〈람보〉에서는 적에게 붙잡혀 포로가 된 주인공이 알몸이 된 채로 고문을 당하는 장면이 나온다. 여기서 알몸은 인간이 극도로 허전하고 불안해지는 상황을 상징한다. 그렇기에 화려한 옷은 마음속 불안을 덮어버리는 든든한 방어막이 된다.

기억해두면 유용한 심리학 용어

★바넘 효과: 성격에 대한 보편적인 묘사들이 자신과 정확히 일치한다고 생각하는 경향. 1949년 미국의 심리학자 포러(Bertram Forer)는 대학생들을 대상으로 모의 성격 검사를 실시한 후, 검사 결과지를 나누어주면서 자신의 성격과 얼마나 일치하는지 각자 평가하도록 했다. 그러자 학생들의 80퍼센트 이상은 검사 결과가 실제 자신의 성격을 아주 정확히

베테랑 비서의 심리학

점쟁이에게 필요한 것은 초능력보다 통찰력

상대의 겉모습이나 대화 내용을 근거 삼아 심리를 읽어내는 데 달인인 사람들이 있다. 점쟁이가 대표적인 예다. 점쟁이는 손님을 향해 자신 있게 인사를 건넨다.

"마음 놓으세요. 별이 인도해주십니다. 뭐든 물어보세요."

하지만 사실 그 순간에 점쟁이가 상담자에 관해 아는 것은 하나도 없다. 그래서 누구에게나 적용될 만한 두루뭉술한 이야기를 꺼낸다.

"당신은 자기 내면으로 쉽게 가라앉는 유형이군요. 최근에 누군가에게 말하기 힘든 고민거리가 생기지 않았나요?"

"어머, 맞아요. 사실 직장에서 문제가 좀 있거든요……."

점쟁이가 애매하게 이야기한 내용을 '어머, 내 얘기잖아'라고 받아들이는 순간, 심리학에서 말하는 바넘 효과가 효력을 발휘

설명한다고 답했다. 하지만 학생들은 사실 모두 똑같은 내용의 결과지를 받았고, 여기에는 평범하고 모호한 내용의 성격 묘사가 나열되어 있었다. 모두 똑같은 검사 결과를 받았다는 사실을 몰랐기에 자신에게만 적용되는 특별한 성향이라고 생각했던 것이다.

하기 시작한다. 바넘 효과는 미국의 심리학자 심리학자 버트럼 포러(Bertram Forer)가 대학생들을 대상으로 시행한 실험에서 증명한 현상이다. 간단히 말해 누구에게나 적용될 법한 보편적인 결과를 사람들에게 제시하면, 자신만의 특수한 속성으로 받아들인다는 내용이다.

이렇게 상담자가 걸려들고 나면 점쟁이는 직장 문제를 중심으로 계속 이런저런 질문을 진행한다. 상대가 대답을 정확히 하지 않더라도 표정의 미묘한 변화나 손발의 긴장한 정도 등을 힌트 삼아서 그 사람의 현재 상태를 맞춰나간다.

만약 질문이 틀리면 이렇게 얼버무린다.

"조만간 그렇게 될 가능성이 보입니다. 조심하세요."

이렇게 질문이 계속되는 사이에 점쟁이의 머리에는 손님의 정보가 차곡차곡 쌓이며, 그 결과 점괘의 정확도가 점점 높아진다. 그리고 어느 순간 상담자는 '세상에, 나에 대해서 훤히 알고 있네?'라고 오해하게 된다.

아무 정보 없이 사람의 마음을 읽는 비결

여기까지 왔으면 상담자는 점쟁이가 무슨 말을 하든 믿게 된다. 아무리 엉터리 예언을 해도 의심하지 않는다. 급기야 "이 부적을 구입하면 모든 액운을 막을 수 있습니다." 하는 터무니없는 말에도 마음이 흔들리게 된다. 평상시라면 절대 믿지 않을 만한 이야기다.

이 방법은 '아무런 준비도 없이(cold)', '상대의 마음을 읽는다(reading)'고 해서 콜드 리딩이라고 불린다. 사기꾼도 바로 이 방법을 사용해서 자신을 믿게 만든 다음 사기를 친다. 한마디로 그들은 상대방의 말과 태도에 나타나는 반응을 유심히 관찰해서 추리하는 것일 뿐, 비범한 독심술을 발휘하거나 미래를 내다보는 초능력이 있는 것이 아니다.

비서는 어떻게 헛기침 소리만으로 사장의 마음을 읽을까?

쉽게 말해 '코드'란, 우리 내부에 있는 감정이나 생각이 부호화되어 겉모습에 나타난 것이다. 우리는 저마다 다른 인생을 살고 다른 사람들과 만나며, 다른 경험을 쌓아나간다. 그러므로 외부로 발신하는 코드 또한 당연히 사람마다 다르다.

그런데 능력 있는 비서는 자신과 다른 사장의 코드를 섬세하게 포착한다. "그거 어디 있지?"라고만 물어봐도 사장이 원하는 '그것'을 귀신 같이 찾아준다. 또 "괜찮네"라는 한마디 속에서 '어떻게 괜찮은 것인지' 미묘한 뉘앙스의 차이를 구별해낸다. '괜찮다'는 때에 따라 '정말로 좋다'는 의미일 수도 있고, 혹은 '마음에 썩 들지 않지만 어쩔 수 없다'는 이야기가 되기도 하기 때문이다.

기억해두면 유용한 심리학 용어

★콜드 리딩: 상대에 대한 아무런 사전 정보가 없는 상태에서 상대의 속마음을 간파해내는 기술을 의미한다. 경찰이 피의자를 심문할 때 쓰는 기법이기도 하다.

030 · 031
점, 혹은 사기
비서의 능력

유능한 비서는 상사의 헛기침 소리만 들어도 뭐가 언짢은 것인지, 아니면 분위기를 전환하려는 의도인지 정확히 가늠한다.

한 발 앞서 나가기

비서의 업무란, 상사보다 한 발 먼저 앞서 나가서 고용인이 일하기 쉬운 환경을 만드는 것이라 할 수 있다. 이를 위해서는 상대의 시각에서 사물을 바라볼 필요가 있다. 즉, 상대가 선호하는 것과 싫어하는 것을 정확하게 파악해두는 것이 중요하다. 상대와 자신 사이에 공통의 코드를 충분히 확보함으로써 '척 하면 척'인 관계를 만드는 것이다. 이는 부부나 오랜 친구 사이와도 비슷하다. 이런 관계에서는 일일이 말하지 않아도 상대방의 마음을 이해할 수 있다.

여러 사람과 공통 코드를 보유한 사람은 늘 사랑을 받는다. 함께 있으면 왠지 마음이 편해지고 밝아지는 사람이 있지 않은가? 이런 사람은 상대의 마음을 잘 파악하기 때문에 불쾌한 지점을 결코 건드리지 않으며 상대가 원하는 방향으로 주파수를 맞춘다.

공통의 코드를 익히기. 어디서나 환영받는 사람이 되는 비결이다.

잡담의 위력

기네스북에도 등재된 세계 최고의 자동차 판매왕 조 지라드(Joe Girard)는 가장 중요한 영업 비결로 '잡담'을 꼽았다. 고객들과 이런저런 대화를 나누면서 유심히 관찰을 하라는 것이다.

그가 취급하는 상품은 자동차다. 가격이 비싸다 보니 제아무리 매끄럽게 갈고닦은 화술로 설득한다 해도 고객들이 선뜻 구매를 결심하기가 어렵다. 그렇기에 자동차가 아니라 자신을 팔아야 영업에 성공할 수 있다고 그는 강조한다.

조 지라드는 고객과 잡담을 나누는 시간에 무엇보다 공을 들였다. 자동차 안에 골프 장식품이 눈에 띄면 이렇게 대화를 유도한다.

"골프를 치시는군요. 요즘이 골프 치기에는 정말 좋은 계절이죠."

디즈니랜드의 안내 책자를 발견하면 이렇게 반색을 한다,

"아, 저도 얼마 전에 아이가 하도 디즈니랜드를 가고 싶다고 해서 다녀왔어요. 너무 넓어서 다 돌아볼 수가 없던데요. 아드님은 뭐가 제일 재미있다고 하던가요?"

상대의 소지품이나 자동차 안의 작은 장식에서 취미나 기호를 알아낸 다음 그것을 실마리로 접근하는 방법이다. 다시 말해, 눈앞에 있는 코드를 디코딩하면서 상대방의 관심 영역에 다가

가는 것이다. 만약 반응이 좋으면 그 주제를 더 깊이 파고들고, 반응이 시원찮으면 다른 화제로 전환한다.

이런 방법으로 공통점을 찾고 확대해나가면 고객은 '이 사람, 왠지 나하고 마음이 잘 맞는데?' 하며 마음을 열게 된다. 그리고 어느 순간 '나에 대해 잘 아는 사람이 권하는 거니까 괜찮은 제품일 거야.' 하는 결론에 도달한다.

'척 하면 척'인 관계는 즐겁다

조 지라드가 세계 최고의 판매왕이 된 이유는 '상대가 원하는 것을 정확히 볼 수 있었기' 때문이다. 상대의 본심을 읽고 원하는 반응을 돌려줬기에 고객들이 그에게서 자동차를 사고 싶어 한 것이다.

일을 잘하는 사람은 거래처든, 상사든, 동료든, 함께하는 상대에게 만족감을 주는 사람이다. 흔히 '척 하면 척'이라고 표현하듯이, 이쪽에서 굳이 말하지 않아도 미리 감을 잡고 움직여준다. 바쁜 상사에게 이렇게 마음 든든한 존재는 없으며, 거래처 입장에서도 늘 같이 일하고 싶은 파트너일 것이다. 다시 말하자면, 업무 역량과 직결되는 중요한 자질 가운데 하나가 바로 디코딩 능력이라는 이야기다. 이 능력을 인식하고 가꿔나가는 사람은 인간적으로든 업무적으로든 늘 긍정적인 평가를 받게 된다.

1장의 기억할 이야기들

○ 눈에는 다양한 정보가 날아 들어오지만, 인간은 무의식중에 '보고 싶은 것'과 '볼 필요가 없는 것'을 선별한다. 즉, 사람은 언제나 보고 싶은 것만 본다.

○ 디코딩 능력을 익혀 상대방의 겉모습에서 심리를 읽을 수 있게 되면, 이를 거꾸로 응용할 수도 있다. 즉, 적절한 코드를 발신해 사람들의 마음을 움직일 수 있다.

○ 우리는 무의식중에 상대의 겉모습에 나타나는 코드를 해독해 가까이 해도 될 사람인지 아닌지를 판단한다.

○ 영업의 비결은 말을 잘하는 것이 아니다. 상대를 유심히 관찰하고 그 사람의 코드를 정확히 읽어내어 원하는 것을 제공하는 것이다.

'겉'을 알고 '속'을 알면 백전백승!

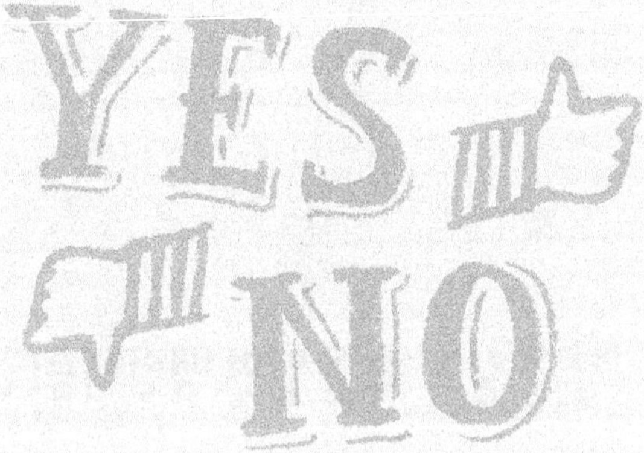
YES
NO

셔츠 취향으로 사교성을 알 수 있다

Question

당신이 좋아하는 셔츠는 어떤 디자인인가?

1. 클레릭 셔츠나 핀홀칼라 셔츠
2. 버튼다운 셔츠
3. 와이드 칼라 셔츠
4. 흰색 드레스 셔츠

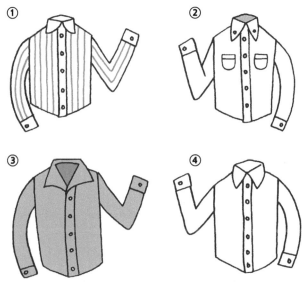

① ② ③ ④

자세한 설명은 47페이지에

일터에 내 편을
만드는 법

'혼자'가 아닌 '함께' 잘하는 것이 능력이다

일에서 개인의 능력만큼이나 중요한 것이 바로 사람과 사람 사이의 유대다. 특히 프로젝트를 공동으로 기획하고 팀 단위로 일하는 경우에는 그저 맡은 일을 묵묵히 해내는 것만으로는 부족하다. 자신의 업무를 해결하기 위해 누구의 힘을 빌려야 좋을지, 어떤 사람들로 조합을 이루어야 가장 효과적으로 성과를 낼 수 있는지 판단하는 프로듀서로서의 능력도 상당히 중요하다. 현대 사회에서는 동료를 만드는 능력이 필수적인 업무 역량 중 하나인 셈이다.

물론 이런 거창한 이유가 아니더라도 가벼운 잡담을 나눌 수 있는 동료와의 관계는 일터에서 활력소가 된다. 마음 맞는 동료가 곁에 있어 소소한 관심사나 고민을 공유할 수 있다면 언제든 든든하고 편할 것이다.

기억해두면 유용한 심리학 용어

★유사성의 원리: 서로 비슷한 외모, 성격, 특징을 가진 상대끼리 호감을 느끼는 현상을 설명한 심리학 이론. 다른 말로는 '카멜레온 효과'라고도 한다.

겉모습이 닮은 사람에게 끌리는 이유

그러나 대인관계가 서툰 사람에게는 타인을 상대하는 것 자체가 많은 에너지를 요하는 일이다. 가까운 동료를 만드는 것도 물론 쉽지 않다. 그런 사람들에게는 자신과 닮은 사람에게 먼저 다가가는 방법을 추천한다. 심리학에서 말하는 유사성의 원리에 따르면 서로 닮은 사람들끼리는 친해지기가 한결 수월하다고 한다. 무의식적으로 친근감을 느껴서 자연스레 마음을 열게 되기 때문이다.

예를 들어 여러 동기들과 함께 입사했을 때 '이 사람에게 말을 걸어볼까?' 싶은 생각이 든 적 있을 것이다. 시간이 흐르고 보면 신기하게도 그 사람과 여러 면에서 닮았다는 걸 알게 된다. 실제로 외모가 닮은 사람끼리는 사고방식도 비슷한 경우가 많다.

이와 반대로 겉보기에 자신과 전혀 다른 타입의 사람에게 용기 내어 말을 걸 수도 있다. 이 경우 인사를 하고 통성명을 할 때까지는 문제가 없다. 그런데 그 뒤로 대화가 잘 이어지지 않아 서로 난감해지는 상황이 종종 벌어진다. 실제로 이런 현상을 설명해주는 심리학 이론이 있는데 바로 반감가설이라 한다. 사람들은 자신과 공통점이 없는 사람을 대할 때 무의식적으로 반감을 느껴 배타적으로 행동하게 된다는 것이다.

그러므로 일터에서 동료를 찾고 싶다면 일단 '겉모습'이 자신

기억해두면 유용한 심리학 용어
★반감가설: 외모나 소속, 성향 등이 자신과 다른 사람에 대해서 반감을 느끼는 경향. 유사성의 원리와 정반대의 현상이라 할 수 있다. 심리학에서는 이를, 개체의 생존과 종족 보존의 필요성 때문에 진화된 메커니즘으로 설명한다.

과 닮은 사람에게 먼저 다가가 보자. 취미나 좋아하는 음악이 같다든가, 전에 비슷한 동네에서 살았다든가 하는 공통점을 발견한다면 든든한 내 편이 생기는 건 시간문제다.

칭찬에도 요령이 있다

누군가와 공통점을 발견하고 대화에 탄력이 붙기 시작했다면 자연스레 한발 더 다가가고 싶다는 마음이 생긴다. 동료나 상사, 거래처 사람들에게 호감을 사고 싶을 때 여러분은 주로 어떤 말을 하는가?

흔한 방법은 바로 상대의 장점을 칭찬하는 것이다. 보통은 그 사람의 능력이나 취향, 외모 등을 추켜세우며 '대단하다'고 칭찬을 하는데 자칫 입에 발린 소리로 들릴 수가 있다. 특히 상대가 자부심을 느끼는 소중한 영역은 더 조심해야 한다. '이 사람이 정말 제대로 알고 하는 소리인가?' 하는 의문이 들게끔 하기 때문이다.

효과적인 칭찬에는 의미가 담긴다. 가령 그림을 칭찬한다면 이런 식으로 접근할 수 있다.

"이건 무슨 그림인가요? 저는 문외한이라 잘은 모르지만, 그림에서 뭔가 힘이 느껴지네요."

자기 몸을 낮춤으로써 상대를 존중하는 제스처를 취하는 것이다. 이렇게 해서 상대가 소중히 여기는 세계 속으로 들어서는 데 성공하면 '나는 당신 편'이라는 인상을 심어줄 수 있다.

그 사람이 자기만의 영역이라고 여기는 것이 무엇인지 유심히 관찰해보라. 다른 사람들은 그냥 지나치기 쉬운 부분을 인정해주면 칭찬의 효과는 배가된다.

방심한 순간에 새어 나오는 코드를 놓치지 말라

사람의 얼굴은 늘 똑같지 않다. 자신의 책무에 걸맞게 행동하는 이른바 '역할 행동'을 하기 때문에 똑같은 사람이라도 일할 때의 얼굴과 사적인 얼굴은 같지 않다. 경계심이 강한 사람은 이 간극을 포커페이스로 극복하거나 의도적으로 행동을 조절하기도 한다.

그런 사람의 본심을 들여다보려면 먼저 방심하는 순간을 찾아내야 한다. 뭔가에 정신을 쏟고 있을 때, 예상 밖의 일에 깜짝 놀랐을 때 등 마음의 문이 열린 순간에 집중하는 것이다. 그러면 냉정한 사람인 줄 알았던 상대가 사실 여린 면이 있다든가, 한없이 친절해 보이던 사람에게 이기적인 모습이 있다든가 하는 '숨은 얼굴'을 찾을 수 있다.

이렇게 상대가 방심하고 있을 때 드러나는 코드는 가장 신뢰할 만한 단서가 된다. 나와 같은 유형의 사람은 누구인지, 어떤 사람과 가까워질 것인지를 판단할 때 상당히 유용한 정보가 될 것이다.

보기 싫은 상사의 넥타이를 기억하라

팀 분위기도 좋고, 동료들과 관계도 문제없는데 상사와 영 마음이 맞지 않는 경우가 있다. 상사 한 명 때문에 회사 다니는 게 고역이라면 어떻게 할 것인가? 인사이동 시기만을 기다리며 버티는 것도 물론 한 가지 방법이다. 마치 태풍이 지나갈 때까지 집 안에서 숨죽이고 있듯이 말이다. 하지만 그렇게 기다리는 시간이 아깝다면 자신이 먼저 변화하는 수밖에 없다.

자세한 이야기를 하기 전에 먼저 몇 가지 물어볼까 한다. 여러분은 상사를 왜 싫어하는가? 무책임해서? 아무것도 하지 않고 명령만 내려서? 결단력이 없고 의견을 수시로 바꿔서? 윗사람 눈치만 보고 팀원들을 감쌀 줄 몰라서?

여러 가지 이유가 있을 테지만 한 가지 기억해야 할 사실이 있다. 당신이 싫어하는 그 부분은 상사의 일면에 지나지 않는다는 것이다. 사람 자체가 싫어지니 편견을 덧씌우게 된 것은 아닐까?

사람은 다양한 코드를 발신하며 살아간다. 그런데 '저 사람은 나하고 맞지 않아', '꼴 보기 싫어'라고 생각하면 상대가 발신하는 코드들을 전부 흘려버린다. 그래서 상대를 점점 이해하지 못하게 되고, 그 결과 상대가 더욱 싫어지는 악순환이 반복된다. 하지만 당신이 무시해버린 그 수많은 코드들 속에는, 그 사람이 아닌 다른 누군가였더라면 분명 호감이나 관심을 느꼈을 만한 것들이 섞여 있다.

좋든 싫든, 당신은 당분간 상사와 한 공간에서 매일 얼굴을 마주해야 한다. 그리고 회사 내에서 당신의 평가에 결정적인 영향을 미치는 사람 중 하나가 바로 그 사람이다.

일단은 상대에게 억지로라도 관심을 가져보자. 가령 그 상사가 오늘은 어떤 넥타이를 맸는지 눈여겨보라. 그 사람의 커피 취향, 혹은 키우는 애완동물도 좋다. 관심을 갖고 지켜보면 어느 지점에선가 나와 공통점이 보일 것이다. 그렇게 되면 그전까지는 도무지 정이 가지 않던 상대도 조금씩이나마 이해할 수 있게 된다.

이런 발견은 두 사람의 관계에 변화를 가져올 것이다. 당신의 주위에 있는 사람은 모두 당신의 거울이다. 당신이 태도를 바꾸면 상대의 태도도 반드시 달라진다. 먼저 조금이라도 상대를 알기 위해 노력해보라. 결과적으로 그 노력이 아깝지 않을 것이다.

상사를 극복하는 법

작은 힌트가
일의 흐름을 바꾼다

슈트를 보면 태도를 알 수 있다

회사원이라면 슈트나 재킷을 일상적으로 입게 된다. 이런 의상은 사회인에게 제복과 같은 기능을 한다. 어떤 슈트를 입는지, 어떤 셔츠를 매치하는지를 보면 그 사람의 태도를 가늠할 수 있다.

먼저, 상하 한 세트의 슈트가 아니라 바지와 다른 색의 재킷을 즐겨 입는 사람은 어떨까? 이들은 딱딱한 규칙에 얽매이기 싫어하는 유형이다. 기획이나 홍보 같은 비교적 유연한 직종에서 일하는 경우가 많은데, 남들과는 다른 개성을 중요하게 여긴다. 또한 '상명하달'의 풍토가 여전히 지배적인 사회에서 자신의 스타일을 관철하고 있다는 사실로 미루어 볼 때 본인의 능력에 상당한 자신감이 있다고 예상할 수 있다.

특히 검정이나 네이비, 회색 등 일반적으로 많이 입는 색상이 아닌 독특하거나 밝은 색상, 혹은 무늬가 있는 재킷을 입는다면 자신의 의견을 뚝심 있게 밀고 나가는 사람이라 보아도 좋다. 회사의 방침이나 중론보다는 소신을 택하는 유형이다.

만약 거래처의 담당자가 '재킷파'라면 전형적인 틀에서 벗어난, 약간은 색다른 제안도 고려해보자. 아마도 좋은 반응을 얻을 수 있을 것이다.

한 뼘의 셔츠로 성향을 파악하기

셔츠도 칼라의 모양이나 색상 등에 따라 얼마든 다양하게 연출할 수 있다. 물론 여기에는 개인의 성격과 성향도 반영된다.

예를 들어 칼라와 소매 부분이 흰색인 클레릭 셔츠나, 칼라의 구멍에 핀을 끼워 장식하는 핀홀칼라 셔츠를 좋아하는 사람은 '자켓파'처럼 소신이 강하다. 외모에 신경을 쓰며 자부심도 상당한 사람이라 할 수 있다. 칼라 끝을 단추로 채워놓은 버튼다운 셔츠를 입는 사람들도 비슷한 유형이지만, 이들은 자기 스타일에 고집이 더 있는 편이어서 유행에 잘 휩쓸리지 않는다.

한편 클래식하면서도 화려한 와이드 칼라 셔츠를 선호하는 이들이 있다. 와이드 칼라는 칼라 끝의 각도가 110도 이상 넓게 벌어진 형태를 가리키는데, 이 셔츠를 애용하는 이들은 보통 융통성이 있다. 사람이나 일에 구속되지 않으며 '될 대로 되겠지.' 하는 여유로운 태도를 보인다.

평범한 흰 드레스셔츠를 입는 사람은 그다지 고집하는 것이 없는 유형이다. 튀지 않고 무난하면 된다는 사람들이라 재미없다는 소리를 종종 듣는다. 그에 비해 핑크색 셔츠에는 온화한 인간관계에 대한 기대가 담겨 있으며, 노란색이나 크림색 계열 셔츠는 여러 사람과 어울리길 좋아하는 사교적인 이들이 주로 택한다. 블루 셔츠는 스마트한 전문가의 느낌을 주고 싶을 때 입는 경우가 많다.

재킷 속으로 한 뼘 정도밖에 드러나지 않는 셔츠지만, 이 부분에 주목하면 각 사람이 어떤 성향인지, 그날 분위기가 어떤지를 간접적으로 파악할 수 있다.

'테이블 지정학'으로 회의를 주도하라

프레젠테이션으로 팀원들과 상사를 설득해야 한다거나 중요한 안건을 놓고 의견을 교환해야 할 때면, 회의실로 들어서기 전까지 만반의 준비를 하게 된다. 회의에 참석하는 이들 중 누가 나와 의견을 같이하고 또 달리할 것인지는 미리 알 수 없다. 평소 가까운 동료였다 하더라도 아군이라는 보장은 없기 때문이다. 그러므로 누가 나의 반대편에 서 있는지, 반대편의 핵심적인 인물을 공략하려면 어떻게 움직여야 하는지를 면밀히 살펴야 한다.

이 전략에 중요한 것이 바로 상대가 무의식중에 발신하는 코

기억해두면 유용한 심리학 용어
★스틴저 효과: 미국의 심리학자 스틴저가 소규모 집단의 커뮤니케이션 행태를 연구해서 정리한 것으로, 참석자들이 어떤 위치에 앉느냐에 따라 회의 상황을 분류했다.

드다. 상대의 코드를 읽고 전체적인 포진을 분석하면 회의를 손
바닥 위에 올려놓고 움직일 수 있다.

예를 들어 내가 회의실에 먼저 와서 앉아 있는 상황을 생각해
보자. 다음으로 들어온 사람이 빈자리가 많은데도 굳이 나와 정
면으로 마주보는 자리에 앉았다면? 그 사람은 마음속으로 나와
대립하고 있을 가능성이 높다. 회의 도중에 내가 어떤 제안을 하
면 즉각 반론을 제기하고 나설 것이다. 이런 현상을 일명 스틴저
효과라고 한다. 사람들은 무의식적으로 의견이 반대인 사람의
정면에 앉는다는 것이다.

그러므로 나와 늘 충돌하는 사람이 회의실에 먼저 와 있다면

회의실에 가장 먼저 도착했을 때는 다음 사람이
어느 자리를 선택하는가를 눈여겨보라.

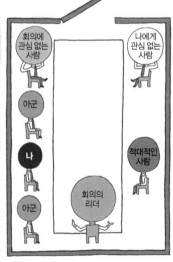

테이블의 어느 위치에 앉느냐로
심리를 파악할 수 있다.

회의 공략법

과감하게 그 사람의 옆자리에 앉도록 하자. 옆이라는 위치는 '동료', 혹은 '한 공동체의 일원'을 상징한다. 친근한 사이이거나 협력하여 같은 목적을 달성하고자 하는 경우에 보통 나란히 앉는다. 그러므로 이 자리에 앉으면 반론을 펼치기가 어쩐지 거북해진다.

또한 스틴저의 연구에 따르면, 직사각형의 긴 테이블에서 나와 대각선상의 구석 자리에 앉은 사람은 나라는 존재나 내 의견에 별 관심이 없는 경우다. 그리고 회의실 입구 근처를 선택한 사람은 회의 자체에 별 흥미가 없는 상태다. 이들 부류는 의사 결정에 큰 영향을 미치지 않으므로 딱히 의식하지 않아도 된다.

테이블의 어느 쪽에 앉은 사람이 리더인가?

모든 회의에는 진행자와는 별도로 전체 흐름을 주도하는 핵심인물이 있다. 이 역시 앉는 위치를 보면 미리 짐작할 수 있다.

가령 홀수의 참석자가 테이블을 마주보고 앉는 경우라면, 2대

회의 테이블에서 사람의 수가 적은 쪽에 앉는 편이 리더십을 발휘하기 쉽다.

3과 같은 식으로 인원수가 비대칭이 된다. 이때 인원수가 적은 쪽에 앉은 사람이 회의에서 리더십을 발휘할 것으로 예측할 수 있다. 더 많은 사람을 둘러보려면 인원수가 적은 쪽에 앉는 편이 유리하기 때문이다. 마찬가지 논리로, 테이블이 직사각형일 경우 리더는 테이블의 긴 쪽보다 짧은 쪽에 앉을 가능성이 크다.

발언 도중 말실수에서 본심을 엿본다

앞서 사람이 방심하는 순간 숨은 얼굴이 드러난다는 이야기를 했다. 이때 주목해야 할 또 한 가지가 바로 '말실수'다.

혹시 회의 자리에서 "그럼 회의를 시작하겠습니다"라고 말해야 하는데 "그럼 회의를 마치겠습니다"라고 말한 경험은 없는가? 회의 중에는 이런 실수가 종종 일어나는데, 정신의학자 프로이트는 이를 착오 행위라고 불렀다. 프로이트에 따르면, 이는 단순한 실수가 아니라 무의식적인 동기를 반영한다고 한다. 머리로는 회의를 시작한다고 말하려 하지만, 마음 한편에 '귀찮게 이런 회의를 왜 자꾸 하는 거야? 빨리 끝났으면 좋겠네'라는 본심이 숨어 있어서 자기도 모르게 그것이 입 밖으로 나온다는 이야기다.

사람은 본심은 아무리 숨기려고 해도 이곳저곳에서 새어나오

기억해두면 유용한 심리학 용어
★착오 행위: 무의식적인 동기가 인간의 행동 속에 드러나는 것. '무의식적 과실'이라고도 한다.

회의 공략법

게 마련이다. 회의 자리에서 그 작은 빈틈에 주의를 기울인다면 순간순간 판세를 읽는 데 도움이 될 것이다.

OK를 끌어내는 몸짓과 거리

상대방에게 신뢰감을 주어 내 의견에 넘어오도록 하려면 다양한 코드를 활용해야 한다. 그중에서도 가장 전달력이 뛰어난 표현 수단은 눈과 손이다.

흔히 대화할 때는 눈을 보라고들 하는데, 실제로 시선을 맞추면 진지하고 신중한 느낌을 주어 설득력이 높아진다. 또한 이야기의 핵심 부분에서 가벼운 접촉을 시도하면 상대가 내 의견에 동조할 가능성이 커진다. 일본의 전 총리 미키 다케오(三木 武夫)는 바로 이 '보디 터칭'의 달인이었다. 어떤 정책을 추진하기 위해 입장이 다른 사람들을 설득해야 할 때, 그는 이 기법을 어김없이 활용했다. 대화가 결정적인 순간에 이를 때 그가 상대방의 무릎에 손을 올리고 "부탁드립니다"라고 말하면, 상대도 "알겠습

거리가 가까우면 상대방을 설득하기가 더 쉽다.

니다"라고 답할 수밖에 없었다고 한다.

여기서 눈여겨볼 또 한 가지는, 총리와 상대방의 거리가 무릎이 손에 닿을 정도로 가까웠다는 점이다. 실제로 거리감은 누군가를 설득할 때 중요한 요소로 작용한다.

연구 결과에 따르면, 상대와의 거리가 가까울수록 협조해줄 확률이 높아진다고 한다. 이 실험에서 연구자는 사람들에게 한 가지를 부탁했다. 실험에 장시간 협력해달라는 것이었다. 부탁을 할 때 거리를 각각 달리했는데 먼저 30~45센티미터 떨어진 가까운 거리에서, 그리고 좀 더 멀리 떨어진 90~120센티미터 거리에서 대화를 시도했다. 그 결과 가까운 거리에서 설득했을 때 사람들이 더 오랜 시간 협조해줬다고 한다. 너무 멀찍이 거리를 두면 '부탁하는 처지면서 별로 성의가 없네'라고 받아들일 우려가 있다. 그러니 상대의 마음을 움직이고 싶다면 거리 조절에 유의해야 한다.

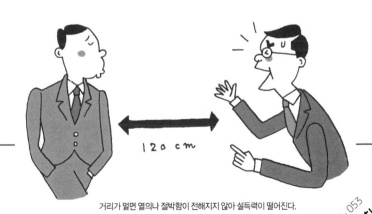

120 cm

거리가 멀면 열의나 절박함이 전해지지 않아 설득력이 떨어진다.

내가 브랜드를 입는가, 브랜드가 나를 입는가?

사람의 성격은 명품 브랜드를 선택하는 방식에서도 나타난다. 아르마니라면 양말까지 아르마니, 폴스미스라면 속옷까지 폴스미스로 '풀장착'을 하는 사람들이 있다. 이런 식의 브랜드 통일파는 완고하고 보수적인 경향이 강하다. 자신의 방식에 자부심을 느끼고 집착하며, 그밖의 방식은 좀처럼 인정하려 하지 않는다.

여러 명품 브랜드를 선택하는 유형은 다시 두 가지로 분류할 수 있다. 첫째는 명품에 집착하는 유형이다. 그들에게 명품은 자신의 가치를 높이기 위한 코드다. 브랜드의 권위에 기대어 자신을 표현하려 하기 때문에 자기의 본 모습에 대해서는 고민하지 않는다. 명품이라면 무조건 따르다 보니 때로는 엉뚱한 조합으로 난해한 패션을 자랑하기도 한다.

어울리지 않는 옷을 입는 경우는 기본적으로 자신을 잘 알지 못하는 사람이다. 타인이 이미 만들어놓은 가치 속에서 안일한 만족을 느끼는 것이라 할 수 있다.

반면에 여러 브랜드를 적절하게 조합하는 멋쟁이들도 있다. 예를 들어 샤넬과 유니클로를 세련되게 매치해 입는 사람은 일상생활에서도 유연한 사고를 자랑할 가능성이 크다. 이런 사람은 사물의 본질을 날카롭게 들여다보며 예상치 못한 상황에서도 임기응변을 발휘한다. '옷차림만큼이나 일처리도 센스 있다'는 평가가 따라다니는 유형이다.

점심 식사하는 모습을 보면 업무 스타일을 알 수 있다

Question

일터에서 점심을 혼자 먹어야 하는 경우, 당신은 어떤 방법을 택할 것인가?

1. 조용한 식당에서 느긋하게 식사를 즐긴다.
2. 직접 만든 도시락을 가지고 온다.
3. 패스트푸드로 간단히 해결한다.

①

②

③

자세한 설명은 57페이지에

성공적인 직장생활과
'밥 한 끼'의 관계

직장인의 점심시간, 본능이 살아나는 시간

회사 동료들과 함께 점심을 먹는 시간은 사무실에서와는 또 다른 모습을 엿볼 수 있는 절호의 기회다.

여럿이 함께 간 식당에서 다들 같은 메뉴를 시켰는데 혼자서만 꿋꿋이 다른 메뉴를 주문한다면 어디서나 제 갈 길을 가는 개인주의 성향이 강하다고 볼 수 있다. 반대로 인원이 적어서 굳이 메뉴를 통일할 필요가 없는데도 '나도 같은 걸로 할게'라고 입버릇처럼 말한다면 튀는 걸 싫어하고 자기주장이 약한 '예스맨'에 가깝다 할 것이다.

주문한 음식을 기다리는 태도도 눈여겨볼 필요가 있다. 손님들이 몰린 시간대라면 주문 후에도 한참을 기다려야 한다. 때로는 예상 시간을 훌쩍 넘기고도 음식이 나오지 않을 때가 있다. 그럴 때 어떤 이들은 젊은 종업원을 향해 버럭 화를 내곤 한다.

"지금 장사를 하겠다는 거야, 말겠다는 거야. 너랑은 할 말 없으니까 사장 나오라고 해!"

평소 일터에서는 전혀 볼 수 없었던 모습이다. 마치 다른 사람이 된 것만 같다. 데이트를 할 때도 이렇게 돌변하는 사람들이 종종 있는데 대개는 일상에서 억눌린 것이 많을 때 이런 모습이 불쑥 나타난다. 예를 들어 조직 내에서 하고 싶은 말을 쉽게 꺼내지 못한다거나, 상사의 내키지 않는 지시를 꾹 눌러 참고 따르는 경험이 반복되면 자존감이 낮아질 수밖에 없다. 타인에게 인정받고 자신을 드러내고자 하는 욕구가 충족되지 못했기에, 자신이 '갑'의 위치가 된 순간에 그 욕구를 표출하는 것이다. '지금이야말로 위엄을 보여야 할 때'라고 생각하여 약자인 종업원에게 안하무인의 행동을 하게 된다.

이런 유형의 사람과는 적당한 거리를 둘 필요가 있다. 얌전한 사람이라고 생각해서 쉽게 대했다가는 나중에 어떤 식으로 돌려받을지 알 수 없으니 주의하자.

삶의 우선순위를 말해주는 '혼밥' 스타일
이런저런 사정으로 점심 때 혼자 밥을 먹게 되는 상황이 종종 생긴다. 이럴 때 어떤 방법으로 식사를 해결하는가를 보면 그 사람의 우선순위를 가늠해볼 수 있다.

먼저, 집에서 직접 도시락을 만들어오는 사람은 자기관리에 신경을 쓰는 타입이다. 돈을 아끼려는 의도도 있겠지만, 외식보다는 집밥이 건강에 좋다는 생각에 수고를 자처하는 경우가 많다. 도시락을 챙기려면 남들보다 일찍 일어나서 시간과 노력을 투자해야 한다. 때문에 도시락을 직접 싸는 것은 '성실함'이 뒷받침되어야 할 수 있는 일이다. 이런 사람은 식사뿐 아니라 운동이나 수면 습관 등, 일상의 다양한 측면에서도 자기관리를 철저히 할 가능성이 크다.

한편 조용한 가게에서 천천히 식사를 하고 싶어 하는 사람은 혼자만의 시간을 소중히 여기는 유형이다. 일을 잘하는 사람들은 혼자만의 시간도 허투루 쓰지 않는다는 말이 있다. 좋아하는 요리를 즐기면서 오후 일정을 준비하거나 다른 계획들을 차분히 점검할 수 있다. 이들은 밀도 높은 시간에 투자하는 것을 아까워하지 않는다.

반대로 패스트푸드점을 즐겨 찾는 사람은 시간을 최대한 활용하고자 하는 경우다. 점심시간에 식사만 하는 것은 아깝다고 생각하며, 그래서 기다릴 필요 없이 바로 먹을 수 있는 패스트푸드를 선호한다. 이들에게 식사는 영양 보충의 수단일 뿐이다. 이런 사람들은 업무에 관해서도 합리성과 효율을 추구한다.

설득하고 싶다면 먼저 입을 공략하라

"다음에 식사라도 한번 대접하겠습니다."

거래처를 상대하다 보면 이런 대화를 종종 주고받게 된다. 실제 식사 자리로 이어지는 경우는 열 번 중 한 번 정도겠지만, 이런 자리는 좀 더 깊은 커뮤니케이션을 나눌 수 있는 중요한 기회다.

잘 차린 음식을 기분 좋게 먹으면서 대화를 나누면 동석한 사람들에게 한층 친밀감을 느끼게 된다. 뿐만 아니라 논의 주제에 대해서도 더 긍정적인 방향으로 검토를 하게 된다. 이처럼 즐거운 체험과 감정이 그때 얘기 나눈 주제나 상대에게까지 호감을 불러일으키는 현상을 심리학에서는 연상의 원리라고 하는데, 이를 이용한 것이 바로 '런천 테크닉'이다. 정·재계의 인사들이 멀쩡한 회의실을 놔두고 굳이 바깥에서 식사자리를 마련하는 것도 이 때문이다. 함께 식사를 함께 하면 서로의 거리를 좁히고 교섭을 원활하게 진행할 수 있기 때문이다.

실제로 음식을 먹을 때 설득당할 확률이 높아진다는 실험 결과도 있다. 이 실험에서 연구자는 피실험자들을 두 그룹으로 나누고 '암 치료에서 만족스러운 성과가 나오려면 앞으로 최소 25년은 필요할 것'이라는 정보를 전달했다. 이때 한 그룹은 과자를 먹으면서 이야기를 듣도록 했고, 다른 그룹에는 아무 음식도 제

기억해두면 유용한 심리학 용어
★**연상의 원리**: 긍정적인 한 가지 요소가 그것과 연관된 다른 요소에 대하여 도 동일하게 긍정적인 반응을 유발하는 현상

공하지 않았다. 그 결과, 과자를 먹으며 이야기를 들은 그룹이 이 주장에 동의하는 비율이 더 높은 것으로 나타났다.

그러므로 중요한 사람들과 어려운 이야기를 나누어야 한다면 상대측의 식사 취향을 먼저 알아보아야 할 것이다.

격식을 버리면 보이는 것

이왕이면 기분 좋은 사람과 함께 일하고 싶다는 건 누구나 마찬 가지일 것이다. 이것이 곧 '접대'의 이유이기도 하다. 업무 외의 영역에서 쌓은 친근감이 업무의 효율에도 간접적으로 영향을 미치기 때문이다. 이런저런 사회 분위기로 이제 접대 문화가 달라졌다고는 하지만, 접대 자체가 사라졌다는 이야기는 들어본 적이 없다.

접대 자리에서는 무엇보다 격식에서 해방된 자유로운 분위기 가 조성된다. 환경이 달라지므로 서로를 대하는 방식도 한층 유연해진다. 그러다 보니 업무와는 상관없는 일상적인 주제로 다양한 대화를 나누게 된다.

"아드님께서 이번에 초등학교에 들어간다고 하지 않았나요?"

"맞습니다. 자기만 한 책가방을 메고 등교를 하는데 어찌나 귀엽던지……"

사람과 사람 사이의 거리를 좁히는 데는 이 과정이 상당히 중요하다. 상대에 대한 배경지식이 쌓여 평소 일할 때 드러나는 그 사람만의 원칙과 태도를 이해하기가 한층 쉬워진다. 그런 의미에서 접대는 업무의 윤활유라 할 수 있다.

심리적 단계에 따른 접대 방법

접대도 목적에 따라 종류가 나뉜다. 신세 진 것에 고마움을 표해야 할 때도 있을 것이고, 딱딱한 관계를 좀 더 부드럽게 만들기 위한 자리도 있을 것이다. 목적에 따라 어떤 형태로 자리를 마련할 것인가를 고민하게 된다.

　서로를 잘 모르는 상태에서 단 둘이 만나면 상대가 부담을 느낄 수도 있다. 그렇다고 늘 여럿이 만나면 관계가 깊어지는 데 한계가 있다.

　심리적으로 거리가 좀 있는 상대라면 골프나 노래방처럼 뭔가를 함께할 수 있는 장소를 택하는 것도 효과적인 방법이다. 친밀감을 쉽게 형성할 수 있을 뿐더러 자신을 처음부터 노출할 필요가 없어 부담스럽지 않다. 다만, 상대가 골프나 노래방을 좋아하지 않을 수도 있으니 취향을 충분히 고려해야 한다. 낚시나 경마 등 특별한 취미가 있는 상대라면 그 사람이 좋아하는 활동을 함께해 보는 것도 좋을 것이다.

　한편 시간을 두고 이미 친분을 쌓은 상태여서 신뢰할 수 있는 관계라면 둘이서 술잔을 기울이는 것도 나쁘지 않다. 닫힌 공간에서 진지한 대화를 나누며 더 깊은 이야기를 끌어낼 수 있다.

무엇보다 중요한 것은 상대가 무엇에 관심이 있는지, 성향은 어떤지를 파악하기 위해 평소 그 사람이 발신하는 코드에 의식적으로 집중해야 한다는 점이다. 코드를 활용해 심리적 거리를 좁혀나간다면 충분히 효과적인 안성맞춤 접대를 할 수 있다.

2장의 기억할 이야기들

○ 외모가 닮은 사람끼리는 사고방식도 비슷한 경우가 많으며, 반대로 공통점이 없는 사람끼리는 무의식적으로 반감을 품는 경향이 있다.

○ 사람이 방심한 순간에는 내면의 '숨은 얼굴'이 겉으로 드러난다.

○ 상대가 어떤 슈트를 즐겨 입는지, 어떤 색상이나 디자인의 셔츠를 매치하는지를 근거로 그 사람의 성향에 맞는 업무 제안을 할 수 있다.

○ 회의에서는 테이블의 어느 자리에 앉았느냐에 따라 나와 의견이 같은 사람인지, 대립하는 사람인지, 아니면 회의에 무관심한 사람인지 알 수 있다.

○ 멀리 떨어진 거리보다 가까운 거리에서 부탁할 때 상대방이 협조해줄 확률이 크다.

○ 식사를 하면서 대화를 나누면 일이 성사될 가능성이 높아진다.

3장

사랑의 거리를 좁히는
'겉 읽기'의 심리학

Question

평소 마음에 둔 상대가 벤치에 앉아 있다.
별다른 양해 없이 그 사람 옆자리에 앉았을 때
상대방은 어떤 반응을 보였는가?

1. 이쪽을 바라보고 "무슨 일인데?"라며 웃음을 짓는다.
2. "어머." 하며 흠칫 놀란다.
3. 인상을 찌푸리며 "뭐야~" 하며 일어선다.

마음에 둔 그 사람의 진심을 1초 만에 파악하기

자세한 설명은 76페이지에

사랑은 왜
삐걱거리는가?

오래가지 못하는 커플의 이유

서로에게 호감을 느끼고 사귀었는데 3개월 만에 헤어지는 커플이 있다. 그렇게 허무하게 헤어지려고 오랜 시간 서로 애태우고 공을 들인 게 아닐 텐데 말이다. 두 사람 사이에 무슨 일이 일어난 것일까?

가장 먼저 예상해볼 수 있는 문제는 남성과 여성의 디코딩 능력 차이다. 오스트레일리아의 심리학자 페트리샤 놀러(Patricia Noller)의 설명에 따르면, 관계가 원만하지 않은 커플들은 남성의 디코딩 능력이 현저히 떨어지는 경우가 많다고 한다. 상대가 이런저런 신호를 수시로 보내는데도 전혀 깨닫지 못하고 지나친다는 이야기다. '황혼 이혼'이라는 말이 있지만, 노부부의 위기는 젊었을 때부터 이미 시작되어 오랜 세월 서서히 진행된 것이다.

문제는 이렇게 관계가 삐걱거리게 되면 상대의 신호에 한층 더 둔감해진다는 것이다. 그렇지 않아도 둔감한 남자는 갈수록 복잡해지는 여자의 신호에 혼란을 느낀다. 거꾸로 여자는 자신을 이해하려는 최소한의 성의조차 보이지 않는 남자에게 섭섭한 감정이 쌓인다. 이렇게 악순환이 시작된다.

그렇다면 남자는 왜 대체로 여자의 기분에 둔감한 것일까? 한 가지 가설에 따르면, 역사적으로 최근까지도 남성 우위의 사회 분위기가 지속되었기 때문에 남자들은 여자가 보내는 코드를 굳이 예민하게 감지하거나 이해할 필요가 없었다는 것이다. 그에 반해 여자들은 상대적인 약자의 처지에 놓일 때가 많았기에 코드를 민첩하게 포착하고 적절한 행동을 취해야만 불이익을 당하지 않았다.

이제 남녀 사이의 코드를 강자와 약자의 논리로 해석하는 시대는 지났다. 그보다는 더불어 살기 위해, 서로 행복하기 위해 상대의 코드에 집중해야 할 때다.

응답 없는 메신저는 왜 여자를 화나게 하는가?

남자들은 10년 만에 연락이 닿은 친구와도 아무렇지 않게 대화를 나눈다. 하지만 여자들의 경우 10년 동안이나 연락을 하지 않았다는 건 인연을 정리했다는 의미다. 여자들은 가까운 사이

일수록 연락을 자주 주고받길 원한다. 조금 뜸했다 싶으면 바로 전화해서 "한동안 연락 못해서 미안해"라며 서로 섭섭함을 달랜다. 연인 관계라면 더 말할 것도 없다.

"잘 잤어?", "이제 밥 먹으러 가려고", "잘 자".

아침에 일어나서 밤에 잠들기까지, 사랑하는 사람의 별 것 아닌 문자에도 여자는 의미를 부여한다. 남자들은 보통 용건이 있어야 문자를 보내는 것이라 생각하지만, 여자들은 특별한 용건이 없어도 문자나 모바일 메신저를 통해 두 사람의 관계를 확인하고자 한다. 문자나 톡에 바로 답이 오지 않으면 섭섭해하는 것도 그래서다.

"왜 내 문자 읽어놓고 답이 없어!"라고 여자친구가 화를 내면 눈치 없는 남자들은 당황하곤 한다. 상대를 무시해서 그런 것이 아니라, 굳이 답신을 보낼 만한 내용이 아니라 생각했기 때문이다. 정성 어린 문자를 받을 때마다 고맙긴 하지만 뭐라고 답을 해야 할지 퍼뜩 떠오르지 않아서 잠자코 있는 경우도 있다.

서로 다른 남녀의 코드를 더 섬세하게 배려해야만 사랑을 오래 지킬 수 있는 법이다.

닮은꼴 부부는 금슬이 좋다

사람은 누군가를 좋아하면 자연스럽게 그 사람을 따라하게 된

기억해두면 유용한 심리학 용어

★모델링: 다른 사람을 롤 모델로 선정해 그 사람의 행동을 자신의 행동에 적용하는 것

다고 한다. 상대의 취미, 패션 취향, 사고방식을 자신의 내부에 받아들이는 것이다. 그렇게 좋아하는 두 사람은 점점 닮아간다. 이 현상을 심리학에서는 모델링이라고 부른다. 오랫동안 함께 산 부부가 "남매인 줄 알았어요. 어쩜 이렇게 둘이 닮았어요?" 하는 소리를 자주 듣는 것도 이 때문이다. 태어난 곳도, 성장 환경도 완전히 다르지만 서로를 모델링함으로써 전체적인 이미지나 분위기가 엇비슷해진다.

한편으로 사람들은 자신과 닮은 누군가를 봤을 때 친근감을 느낀다. 이 심리를 이용해서 상대의 호감을 끌어내는 수법을 미러링이라고 한다. 즉, 상대가 머리카락을 만지면 자신도 은근슬쩍 머리카락을 만지고, 상대가 얼굴에 손을 대면 자신도 얼굴의 비슷한 위치에 손을 올리는 것이다.

우리는 치열한 사회에서 많은 이들과 경쟁을 하고, 서로 다른 가치관으로 충돌을 빚는다. 그러니 사적인 공간에서만큼은 늘 내 편이 되어주는 사람, 날카로운 대립각을 세울 필요가 없는 사람과 함께하고 싶은 게 당연한 이치다. 그래서 우리는 서로 비슷하게 생각하고 행동하는 사람에게 끌린다.

마음에 드는 이성을 발견했다면, 혹은 사랑하는 사람과 알 수 없는 이유로 사꾸 삐걱거린다면 그 사람을 흉내 내보자. 어느 순간 두 사람의 거리가 한층 가까워질 것이다.

기억해두면 유용한 심리학 용어
★미러링: 거울에 비친 모습을 따라하듯, 상대방의 행동을 따라하는 것

진한 화장의 의미

SNS가 활성화되면서 연예인들이 개인적인 사진을 공개하는 경우가 늘어났다. 여자 연예인의 경우 금방 세수를 한 듯한 맨얼굴 사진이 올라오기도 하는데, 화장을 했을 때의 얼굴과 이미지가 너무 달라서 깜짝 놀라는 경우도 있다. 화장을 하면 단순히 더 예뻐 보이는 것을 넘어서 연예인으로서의 '오라'를 장착하게 되는 듯하다.

실제로 화장은 용기를 북돋는 효과가 있다. 여성이라면 화장이 유독 잘된 날, 자신감이 덩달아 상승하는 기분을 느껴보았을 것이다.

그런데 길을 가다 보면 화장이 너무 지나쳐서 무대용 분장을 한 것 같은 사람들도 있다. 남들이 보기에는 '왜 저렇게 귀신 같이 화장을 하지?' 싶을 정도다.

여기서 생각해볼 것은 화장에 두 가지 목적이 있다는 점이다. 첫째는 자신의 인상을 매력적으로 바꾸는 것이고, 둘째는 맨얼굴에 화장을 덧칠함으로써 새로운 나를 손에 넣는 것이다. 그러므로 원래 얼굴을 알아볼 수 없을 만큼 진하게 화장하는 사람은 자신의 진정한 모습을 사람들에게 보여주기 두려워하는 것이라 해석할 수 있다. 자신의 내부 어딘가의 약한 부분을 감추고 싶은 심리에서 화장을 점점 더 진하게 하는 것일 수도 있다.

사랑의 시작,
서로의 거리 판별하기

읽기를 잘하는 사람이 사랑을 차지한다

미팅 약속이 잡혔다. 남자 셋, 여자 셋이 함께 만나는 단체 미팅이다. 다 같이 식사를 하고 차도 마실 것이고, 특별히 마음에 드는 사람이 있다면 둘만의 만남도 따로 약속하게 될 것이다. 상대쪽 사람들의 소속이라든가 외모에 관한 간단한 정보는 있지만 나머지는 현장에서 직접 부딪치며 알아가야 한다. 이제 상대방의 마음을 읽는 전투에 적극적으로 임할 때다.

미팅 자리에서 마음에 드는 이성이 있다면 서둘러 그 사람의 코드를 읽고 행동에 나서야 한다. 경쟁자들은 눈치 채지 못한 그 사람의 신호에 민감하게 반응하고, 낯선 자리에 불편함을 느끼지 않게끔 분위기를 유도해야 한다. 때로는 흥을 돋우기 위해 이런저런 제안을 하는 등 임기응변도 필요할 것이다. 상대방이 어느 정도 마음을 열고 내게 호감을 보이기 시작했다면 '둘이서 따로 만나고 싶다'는 메시지를 자연스럽게 전달한다.

위의 모든 과정은 많은 미팅 자리에서 흔하게 일어나지만, 코드를 읽는 능력이 없다면 제대로 성공하기가 힘들다. 상대의 코드를 오해하거나, 타이밍을 맞추지 못해 섣불리 행동하거나, 반대로 너무 머뭇거리다가 엇박자를 내기 십상이다. 미팅에서 승자가 되는 비결은 곧 디코딩 능력이라 해도 과언이 아니다.

다음 장에서 자세히 설명하겠지만, 상대방의 코드는 다양한 손짓과 행동에 드러난다. 상대가 손을 얼굴의 어느 부분으로 가져가는지, 시선은 어디에 두는지, 입 모양은 어떤지에 주의를 기울여야 한다. 상대는 미소 띤 얼굴로 내 이야기를 듣고 있지만 속으로는 지루해서 하품을 하고 있을지도 모른다. '어서 이 자리를 벗어나고 싶다'는 생각을 하기 전에, 상대방의 몸짓에서 흘러나오는 코드에 적절히 대응해야 한다.

미팅에서 또 한 가지 주의할 것은 '일 이야기'다. 자신의 경험담을 재치 있게 풀어내는 것이 아니라 그저 내가 무슨 일을 하는지, 얼마나 중요한 일인지를 늘어놓는 사람은 자기 자랑만 하는 푼수에 지나지 않는다. '일' 말고는 내세울 게 없다는 소리이며, 역설적으로 자신감이 없는 사람이라 할 수 있다.

파트너와 기분 좋게 대화를 나누고 있는데 누군가가 불쑥 끼어들 때도 있다.

"어, 요리 왔다. 저번에 이거 먹어봤는데 진짜 맛있더라. 한번 먹어봐."

눈치가 심각하게 없는 사람이 아니라면, 아마도 당신과 상대의 대화를 방해하고 싶어 하는 경우일 것이다. 이때 말할 기회를 주지 않으면 계속해서 성가시게 굴 수도 있으니 적절히 곁을 내주고 다시 페이스를 찾도록 하자.

"괜찮으면 전화해"의 진짜 의미

"다음에 밥 한번 같이 먹어요."

"나중에 연락해."

미팅이 끝날 때쯤 되면 이런 대화가 한차례 오간다. 그런데 같은 말이라 해도 남녀에 따라 보내는 메시지가 완전히 달라진다.

남자의 경우 "다음에 밥이나 같이 먹자"는 말은 떡밥 같은 것이다. 인사치레로 이 사람 저 사람에게 흘리는 말일 뿐이다. 실제로 상대에게 마음이 있는 것인가 하면 딱히 그렇지도 않다. '떡밥을 물면 좋고, 아니면 말고'라는 생각으로 연락처를 교환하는 경우가 상당수다.

하지만 여성이 "괜찮으면 나중에 전화해"라고 말했다면 이야기가 달라진다. 직설적으로 '다시 만나고 싶다'고 하기는 부끄러우니까 상대방의 의사를 확인할 겸 이렇게 말하는 것이다. 이 경우, 남자가 전화를 건 순간 연애가 시작된다. 만약 남자가 관심 있는 여성에게서 이런 말을 들었다면 그날 밤 집에 돌아가서 당장 전화를 걸지 않고는 못 배길 것이다.

물론 여성들 중에도 소위 '어장 관리' 전문가가 있으니 주의해야 한다. 여지를 남겨놓기 위해서 이 사람 저 사람에게 '괜찮으면 전화하라'고 말하는 경우가 있다. 자신에게만 연락처를 줬다고 흐뭇해하기 전에 진의를 확인해야 한다.

1초 만에 상대방의 마음을 꿰뚫어보는 방법

그 사람에게 나는 단순한 지인인가, 아니면 대화가 통하는 이성 친구인가? 혹시 나와 연인으로 발전하길 내심 바라는 건 아닐까?

호감을 품고 있는 상대가 나를 어떻게 생각하는지 궁금할 때, 속마음을 1초 만에 알아내는 방법이 있다. 부작용이 있다면 그 사람과 영영 멀어질 수 있다는 것이다. 그런 리스크를 감수할 만큼 조급증이 극에 달한 사람들을 위해서 아래에 방법을 소개한다. 다시 말하지만, 그리 추천하고 싶은 방식은 아니다.

방법은 간단하다. 상대방의 옆자리에 예고 없이 불쑥 앉는 것이다.

그 사람이 내 쪽을 바라보며 "무슨 일인데?"라며 웃음을 짓는다면 친구보다는 한 단계 더 진전된 사이라 봐도 무방하다. 그렇지 않고 '어머.' 하며 당황하는 반응을 보인다면 현 시점에서는 연애 감정이 싹트지 않았다고 보아야 한다. 만약 인상을 찌푸리며 "아, 뭐야~" 하고서 벌떡 일어나 버린다면 두 사람은 그냥 남남이나 다를 바 없다.

이 방법이 영 내키지 않고 부담스럽다면 조금 더 자연스러운 상황 연출도 가능하다. 건물 입구나 모퉁이에서 갑자기 마주칠 때 상대의 반응을 관찰해보라. 혹은 그 사람 근처에 있는 물건에 손을 슬쩍 뻗으며 거리를 좁혀보는 방법도 있다. 만약 불쾌감을 느낀다면 긴장해서 손으로 방어막을 치거나 얼굴을 돌리는 등, 거부의 표현을 할 것이다. 그럴 때는 상대방이 편안하게 느끼는 거리로 다시 돌아가서 그 사람의 코드에 주의를 기울여야 한다. 언젠가는 연인으로 향하는 문의 열쇠를 찾길 바란다.

'좋아한다'와 '싫어한다'의 차이는 50센티미터

어느 텔레비전 프로그램에서 다음과 같은 실험을 했다. 한 남자가 두 여성과 각각 대화를 나눈다. 다른 점이 있다면 한 명과의 거리는 50센티미터이고, 다른 한 명과의 거리는 240센티미터 정도라는 것이다. 잠시 후 어떤 여성에게 호감을 느꼈는지 물었더니, 남자는 더 가까이서 대화한 여성을 택했다. 이후 남녀를 바

뛰어서 진행한 실험에서도 같은 결과가 나왔다. 참고로 말하자면, 240센티미터는 업무를 보기에 적당한 거리이고 50센티미터는 연인이나 가까운 친구들 사이의 거리라고 한다.

문화인류학자인 에드워드 홀(Edward T. Hall)은 인간이 일상에서 경험하는 거리를, 상대와의 친밀도에 따라 다음의 네 가지로 구분했다.

1. 밀접한 거리(0~45센티미터)
2. 개인적 거리(45~120센티미터)
3. 사회적 거리(120~360센티미터)
4. 공적 거리(360센티미터 이상)

밀접한 거리란 그 이름처럼 손을 맞잡는 연인이나 부부를 위한 거리다. 개인적 거리는 친구끼리의 거리이며, 사회적 거리는 업무 관계에 필요한 거리다. 그리고 마지막 공적 거리는 강연 등을 할 때 주로 쓰이는 거리다.

다시 말하자면, 상대방이 나와 어느 정도의 거리를 지키는가를 보면 나를 어떤 존재로 바라보는지 알 수 있다는 이야기다.

3장의 기억할 이야기들

○ 관계가 삐걱대는 커플은 남자 쪽이 여자의 기분을 감지하는 능력, 즉
디코딩 능력이 떨어지는 경우가 많다.

○ 남자에게 메신저나 전화는 용건을 전달하기 위한 도구지만, 여자에게
는 관계를 확인하는 도구라는 의미가 있다.

○ 남자가 "괜찮으면 전화해"라고 말할 때는 대개 인사치레지만, 여자가
같은 말을 했다면 상대에게 상당한 호감이 있는 상태라 볼 수 있다.

○ 인간은 상대와의 친밀도에 따라 어느 정도 거리를 허용할지 무의식적
으로 구분한다. 연인끼리의 거리는 0~45센티미터다.

방금 그 행동은 무슨 의미일까?
머리부터 발끝까지, 몸짓 읽기

상대방의 시선을 보면 당신에 대한 호감도를 알 수 있다

Question

마음에 둔 이성, 중요한 거래처, 내 인사고과를 책임질 상사. 잘 보여야 하는 그 사람들은 당신에게 어떤 시선을 보내고 있는가?

1. 거의 시선을 마주치지 않는다.
2. 자주 시선이 마주친다.
3. 시선을 돌리지 않고 똑바로 바라본다.
4. 시선을 돌리지 않고 똑바로 바라보며, 입가가 느슨하게 풀려 있다.

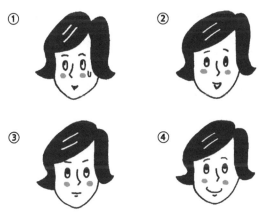

➜ 자세한 설명은 86페이지에

얼굴, 가장 내밀한 이야기를
들려주는 곳

빠르게 깜빡이는 눈의 의미

사람의 얼굴에는 다양한 코드가 혼재한다. 그 코드들이 한데 섞여 특정한 결과물로 도출된 것이 바로 첫인상이다. 어떤 사람을 보고서 '인상이 참 선하다', '아주 성실해 보인다', 혹은 '좀 단정치 못해 보인다.' 하는 식으로 판단하는 것은 그 사람의 얼굴에서 발산되는 코드를 은연중에 해석한 결과인 셈이다. 이런 코드는 그 사람의 본심을 파악하는 데도 중요한 힌트가 된다.

그중에서도 눈의 움직임은 그 사람의 성격이나 심리를 상당히 투명하게 보여준다. 한 가지 좋은 예로 눈 깜빡임을 들 수 있다. 눈을 깜빡이는 횟수는 긴장한 정도와 비례한다. 만약 눈을 깜빡이는 횟수가 순간적으로 늘어났다면 그 사람의 마음속에 불안감이 증가했다는 증거다.

특히 이야기를 하는 도중에 눈을 계속 깜빡인다면 그 사람의 말이 거짓일 가능성이 있다. 상대가 자신의 거짓말을 눈치 채지 않을까 하는 불안감이 잦은 눈 깜빡임으로 나타난 것이다. 만약 어떤 질문을 받고 나서 갑자기 눈 깜빡이는 횟수가 늘어났다면 그 사람에게 곤란한 질문이라는 의미다. 아마도 군이 답하고 싶지 않은 얘기라서 모르는 척 넘어가고 싶은 마음일 것이다. 그 화제에 관해 안 좋은 기억이나 콤플렉스가 있을지 모르니 슬쩍 화제를 전환하는 편이 좋다.

마음의 불안과 싸우는 사람

지속적으로 눈을 깜빡이는 사람은 긴장을 잘하며 불안도가 높은 유형이라 할 수 있다. 마음이 약하고 겁이 많은 것처럼 보이지만 의외로 공격적인 성향을 보일 때도 있다. 궁지에 몰린 쥐가 고양이를 물듯이 위협을 느끼는 순간 자신을 보호하려 하는 것이다. 공격은 최고의 방어라는 말이 잘 들어맞는 유형이다. 마음속의 불안과 늘 싸우는 이런 사람들은 경쟁에 예민하며 지기 싫어하는 경우가 많다.

만만하게 보인다고 쉽게 봤다가는 생각지도 못한 타이밍에 호된 꼴을 당할 수 있으니 조심해야 한다.

흔한 착각, '자꾸 나를 쳐다보잖아?'

나를 바라보는 누군가의 시선을 느끼고 온 신경이 그쪽으로 쏠린 경험이 있는가? 혹은 나도 모르게 자꾸만 누군가에게 시선이 향한 적은? 상대를 바라보는 시선은 그 사람에 대한 관심과 직결된다.

먼저 상대가 나와 시선이 거의 마주치지 않는다면, 안타깝지만 희망이 거의 없다. 현 시점에서 당신에게 그리 긍정적인 감정은 없으며 아예 관심이 없을 수도 있다. 대화를 나누는데 시선은 내게 주지 않는다면 달리 신경 쓰이는 일이 있거나, 빨리 이야기를 끝내고 다른 용건을 보고 싶다는 의미로 해석해야 한다.

그렇다면 줄곧 이쪽을 바라보고 있는 경우는 어떨까? 이 경우 내게 관심이 있는 것이 아닌가 하고 오해하기 쉬운데, 사실 상대는 여러분에게 적의를 느끼고 있다. 원숭이는 산에서 적을 만났을 때 외면하지 않고 계속 노려본다. '당신이 내게 해를 끼치지 못하도록 감시하고 있다'는 메시지인 것이다. 만약 회의 자리에서 누군가가 이런 시선을 보낸다면 "오늘은 너를 철저히 눌러주겠어"라는 선전포고로 받아들이는 편이 좋을 것이다.

다만 예외는 있다. 나를 줄곧 바라보는데 입가가 느슨하게 풀려 있다면 나에게 반했다는 증거다. 상대에게 매료되었거나 호감을 품고 있으면 입가가 느슨해진다.

눈이 마주치면 '그린라이트'인가?

나와 계속해서 시선이 마주치는 사람은 내게 호감이 있거나 적어도 내 의견에 동의하는 상태. 회의를 할 때는 이렇게 시선을 마주치는 참석자가 얼마나 있느냐에 따라 회의 분위기와 흐름을 가늠해볼 수 있다.

여기서 주의할 것은 성별에 따라 해석을 달리해야 한다는 것이다. 남자들 대부분은 관심 있는 여성과 힐끔힐끔 눈이 마주치는 상황이라면 '그린 라이트인가?'라며 갑자기 마음이 바빠질 것이다. 하지만 이는 시기상조다. 설레발로 끝날 가능성이 다분하다.

사람은 누구나 불안감을 느끼면 다른 누군가와 함께하고 싶은 욕구가 발동한다. 이를 친화 욕구라고 하는데, 여자들은 보통 이 친화 욕구가 남자들보다 강하다. 그리고 친화 욕구의 대표적인 표현이 바로 누군가와 시선을 맞추는 것이다. 애초에 여자들은 남자에 비해 시선을 맞추는 행위에 거부감이 덜하다. 그래서 상대와 눈을 마주치는 횟수도 많고 시간도 더 긴 경향이 있다. 여럿이 모인 장소에서 어떤 여성과 눈이 자꾸 마주친다면 '당신에게 관심이 있습니다'가 아니라 '이 장소에서 벗어나고 싶어요'라는 마음의 표현일지도 모른다.

물론 이런 경우라도 적극적으로 나서서 상대의 불안감을 해

기억해두면 유용한 심리학 용어
★친화 욕구: 도움이 필요한 상황에서 다른 누군가와 함께하면서 공감을 얻고
자 하는 욕구

소해준다면 이후 상황이 반전될 여지가 충분히 있다. 만약 빈번하게 시선이 마주친다면 일단은 행동에 나서도 괜찮은 셈이다.

시선은 대화의 구두점이라는 말이 있다. 시선의 의미를 정확하게 파악함으로써 상대의 마음을 읽는다면 '주의'를 요하는 노란 신호등이 어느 순간 그린 라이트로 발전할 것이다.

겉모습만 보고 소매치기 잡는 법

필요 이상으로 눈을 이리저리 정신없이 움직이는 사람이 있다. 차분하지 못한 성격이라 생각할 수도 있지만, 이는 무엇보다 불안함의 표현이라고 보아야 한다. 사람은 위험을 느끼면 주위를 둘러보며 최대한 많은 정보를 얻으려 하기 때문이다. 그렇게 함으로써 어떤 행동을 취해야 할지, 불안을 해소하기 위한 힌트는 무엇인지 파악하려 한다.

이때 시선이 어느 방향으로 향하느냐에 따라서도 해석을 달리할 수 있다. 예를 들어 오른쪽 위를 슬쩍 바라본 뒤 갑자기 안절부절 못하기 시작했다면 중요한 약속이나 해결해야 할 문제가 떠올랐다는 신호다. 과거의 기억을 떠올릴 때 사람의 눈동자는 대부분 왼쪽 방향을, 아직 일어나지 않은 미래의 일을 떠올릴 때는 오른쪽 방향을 향하기 때문이다.

왼쪽 아래로 시선을 향한 뒤 눈동자를 정신없이 움직인다면 당신의 말이 상대의 아픈 곳을 찔렀는지도 모른다. 반격 자세를 가다듬어서 사태를 만회하려는 의지가 표출된 것이라고 볼 수 있다.

실제로 형사는 소매치기를 잡을 때 시선에 주목한다고 한다. 사람들이 밀집한 공간에서 소매치기의 눈동자는 빠르게 움직인다. 목표를 물색하는 동시에 주위에 위험 요소가 없는지 확인해야 하기 때문이다. 그리고 목표를 일단 발견하면 그것에만 주목한다.

형사는 그 시선의 변화를 감지하고 주의를 기울이다가 범행을 시도하는 순간 소매치기를 붙잡는다. 요컨대 시선이 향하는 곳을 보면 그 사람이 어떤 행동을 하려고 하는지, 목적은 무엇인지를 알 수 있다.

상대가 무엇을 바라보고 있는지 슬쩍 관찰해보자. 생각지도 못한 모습을 발견할 수도 있고, 혹은 숨기고 싶은 그 사람의 속마음을 엿볼 수 있을는지도 모른다.

입가는 의지를 나타낸다

넋을 잃은 채 무엇인가를 열중해서 바라보는 사람들의 입 모양을 한번 살펴보라. 어딘지 모르게 살짝 벌어져 있는 것처럼 보일 것이다. 사람의 입은 긴장이 풀리면 벌어지는 경향이 있다. 그래서 딱히 이유도 없는데 입가에 늘 힘이 없는 사람은 긴장감이 부족한 유형이라 할 수 있다.

반대로 입가를 단단히 조이고 있는 사람은 의지가 강하고 어떤 일에도 휩쓸리지 않을 것 같은 인상을 준다. 실제로도 성격상 그런 측면이 강한 경우가 많다.

어설프고 야무지지 못한 인상을 피하고 싶다면 의식적으로 입가를 조이는 연습을 해보자. 윗입술과 아랫입술을 연결하는 양 가장자리 부분을 입아귀, 다른 말로 입꼬리라고 하는데 단정한 매력을 풍기는 사람은 대체로 입아귀가 살짝 올라가 있다.

입의 크기와 성적 욕구의 상관관계

입이 크고 웃는 입매가 시원한 이들은 보는 사람의 기분까지 유쾌하게 만든다. 일본의 아이돌 그룹 SMAP의 멤버였던 가토리 신고(かとりしんご)는 입 안에 주먹을 집어넣는 것이 특기였다. 그만큼 커다란 입 덕분에 '활력이 넘치는 이미지'의 대명사로 종종 꼽히곤 했다. 그가 내뿜는 에너지의 원천은 큰 입에 있다고 해도 과언이 아닐 것이다.

심리학자 지그문트 프로이트는 입이 그 사람의 에너지, 감정의 폭, 생활력, 성적 욕구 등을 암시한다고 설명했다. 입이 큰 사람은 에너지가 넘치며 대담하다. 생각하기에 앞서 행동하는 유형이다. 끊임없이 사람들을 이끌어서 일을 이루어나간다. 다만 결단력이 부족한 탓에 계획만 세우다가 흐지부지 될 때가 잦으며, 조금만 공격을 당해도 반론하지 못하고 수그러들곤 한다.

이런 약점은 보통 입이 작은 사람들이 보완해줄 수 있다. 이들은 차분하고 섬세한 성격이어서 남들이 간과하기 쉬운 부분을 짚어낸다.

입의 모양은 타고나는 것이니까 어쩔 수 없다고 실망할 필요는 없다. 구륜근(입을 둘러싼 근육)을 단련하면 입의 모양이 바뀌어 의식적으로 인상을 바꿀 수 있다.

냉정한 조언이 필요하다면 입술이 얇은 사람에게로

입술이 얄팍한 사람은 이성적인 성향이 강하다. 객관적이고 합리적인 생각을 중시해서 '이 사람은 나한테 그리 도움이 안 돼'라는 판단이 서면 망설임 없이 관계를 정리한다. 연애를 할 때도 손익을 따지는 유형이다. 감정에 휩쓸려 판단을 그르치는 일이 좀처럼 없으므로, 상황을 냉정히 파악하고 객관적인 판단을 내려야 할 때 이만큼 의지가 되는 사람도 없다.

한편 입술이 두툼한 유형은 소위 순정파에 속한다. 애정이 많아서, 연애를 할 때든 일을 할 때든 '바로 이거야'라고 생각한 것에는 온 힘과 정성을 다한다. 두툼한 입술이 매력적인 할 리우드 여배우 안젤리나 졸리(Angelina Jolie)는 유엔난민기구(UNHCR)의 친선대사로도 활발한 활동을 하고 있다. 이는 분명 마음속 깊은 애정에서 비롯된 행동이리라.

논리적인 판단이 필요한 사안이라면 입술이 얇은 사람을, 인간적으로 부탁할 것이 있다면 입술이 도툼한 사람을 찾아가 보자. 원하는 답을 들을 수 있을 것이다.

'당당한 섹시함'을 즐기는 여성의 액세서리

의미 있는 물건이나 예쁜 액세서리로 몸을 장식하고 싶은 것은 인간의 자연스러운 욕구다. 그러나 정도가 지나치면 자신감 문제와도 연관된다. 즉, 착용한 장신구의 숫자가 많을수록 마음속에 채워지지 않는 어떤 욕구, 혹은 막연한 불안감이 자리하고 있다고 볼 수 있다.

늘 초조해하는 사람의 손을 살펴보라. 혹시 반지나 팔찌를 여러 개 끼고 있지 않은가? 얼굴은 생글생글 웃고 있어도 마음속은 고민과 불안으로 어지러울지 모른다. 액세서리는 그런 부정적인 감정으로부터 자신을 지키는 부적의 역할을 한다.

반지를 늘 착용하는 사람은 타인에게 의존하는 마음이 강한 경우가 많다. 연애를 하면 항상 상대를 최우선으로 생각하며, 상대도 자신과 같은 마음이기를 기대한다. 질투심도 많은 편이다. 반대로 반지를 잘 끼려 하지 않는 사람은 얽매이는 걸 싫어하며, 누군가의 지시를 받는 것을 거부하는 성향으로 볼 수 있다.

한편 발목에 착용하는 앵클릿은 '성적인 자신감'을 의미한다. 발에 주의를 집중시키는 앵클릿을 애용하는 여성은 여자로서의 매력에 스스로 자신이 있는 경우가 많다. 연애를 게임처럼 즐기고, 마음에 드는 남성을 지긋이 관찰하면서 공략할 기회를 노린다. 성적인 즐거움에도 관심이 많고 적극적인 편이다. 이들은 상대를 고르는 기준도 뚜렷하다. '남들과는 다른 나'를 중시하기 때문에, 자신의 가치 기준을 충족시켜 줄 수 있는 남자인지를 살핀다.

Question

처음 만난 이성에게 호감을 사고 싶은 마음에 열심히
대화를 시도하고 있다. 턱을 괸 채 내 얼굴을 응시하는 상대.
속마음은 어떨까?

1. "재미있는 사람이네. 마음에 드는데?"
2. "그런 얘기 관심 없다고. 적당히 좀 해라."
3. "오늘 저녁은 뭐 먹지?"

대화하는 자세로 속마음을 알 수 있다

①

②

③

자세한 설명은 99페이지에

손, 절대로 거짓말을
하지 않는 곳

팔의 위치로 알 수 있는 예스와 노

팔짱을 끼는 것은 상대와 자신 사이에 벽을 만드는 행위다. 다시 말해 겉으로 아무리 상냥한 태도를 보이더라도 본심은 상대를 거부하고 있는 것이다. 누군가에게 용무가 있어서 다가가려 하는데 팔짱을 단단히 끼고 있다면 적어도 지금은 좋은 타이밍이 아니니 다음 기회를 노리는 편이 나을 것이다.

부하 직원이 상사에게 업무에 관해 보고하는 장면을 한번 상상해보자. 상사가 팔짱을 끼고 있다는 건 썩 좋지 않은 신호다.

사람으로 가득한 지하철에는 팔짱을 낀 사람들이 유독많다.
팔짱 끼기는 자신을 방어하고 싶다는 심리의 표현이다.

통상적인 보고를 하는 상황이라면, 상사에게 달리 신경 쓰이는 일이 있어서 부하 직원의 이야기가 머릿속에 들어오지 않는 상태일 것이다.

만약 어떤 문제가 생겨서 해결해야 하는 상황이라면 더욱 조심해야 한다. 상사가 팔짱을 끼고 있다는 건 상당히 화가 났으며 직원의 실수를 책망하는 마음으로 가득하다는 의미다. 어떤 이유든 간에 신경이 곤두 선 상사는 자신도 모르게 팔짱을 껴서 스스로를 진정시키려 하고 있다.

한편 상대가 팔짱을 푼 상태이거나, 나아가 손바닥을 이쪽으로 내보이는 경우라면 긍정적인 신호다. 심리학에서는 이렇게 손바닥과 손목 안쪽을 보여주는 행위를 파밍이라고 하는데, 상대방에게 좋은 인상을 받았으며 흥미를 느끼고 있다는 뜻이다. 그 사람의 마음이 이미 열렸고 당신의 이야기를 들을 준비가 충분히 되어 있다고 보아도 좋다.

그런 측면에서 평소 손바닥을 상대방 쪽으로 주로 향하는 사람은 개방적인 성격이라 볼 수 있다. 생면부지의 사람과도 금방 친구가 되는 밝은 사람이다. 팔짱을 수시로 끼는 유형은 타인을 대할 때 본심을 감추려 하지만, 팔을 자유롭게 두거나 손바닥을 보이는 사람은 마음을 쉽게 터놓는다. 단점이 있다면 감정이 얼굴에 너무 쉽게 드러난다는 것이다. 본심을 숨기려 해도 금방 들

기억해두면 유용한 심리학 용어
★파밍: 마주 앉았을 때 자신의 손바닥과 손목 안쪽을 보여주는 행동. 쉽게 보여지지 않는 내밀한 신체 일부를 드러냄으로써 무장해제된 심리를 무의식적으로 표출하는 것으로, 호감 있는 사람 앞에서는 이 행동을 자주 하게 된다고 한다.

096-097
팔짱 끼기

통 나기 때문에 때로는 주변 사람들을 민망하거나 섭섭하게 만들기도 한다.

커피 잔을 잡은 모습으로 나를 향한 마음을 알 수 있다

누군가에게 내 존재가 호감인지, 아니면 영 비호감인지 궁금하다면 커피를 한잔 권해보라. "여기, 커피 한잔 드세요." 하면서 컵을 건넸을 때 그 사람이 팔을 어떤 방향으로 놓느냐에 따라 호감도를 측정해볼 수 있다.

앞에서도 말했듯이 팔은 방어막 역할을 한다. 만약 상대방이 내게 부정적인 감정을 품고 있거나 뭔가 부담스러워서 거리를 두고 싶어 한다면 컵을 든 팔을 가로막듯이 놓아서 두 사람 사이에 벽을 칠 것이다. 그렇지 않고 조금이나마 관심이 있다면 팔의 방향이 나를 향해 열려 있을 것이다.

"당신에 대해 더 많이 알고 싶어요."

"당신하고는 이 이상 가까워지고 싶지 않네요."

상대방이 나를 보며 턱을 괴고 있다면?

아기가 울면 부모는 다정하게 안아주거나 몸을 어루만져준다. 그러면 안정을 찾은 아기는 울음이 잦아든다. 성인이 된 후에도 우리는 불안할 때 안아주고 달래줄 누군가가 필요하다. 그래서 자신의 몸을 스스로 만짐으로써 아기 때 부모님이 제공해주었던 포근함과 안락함을 만들어낸다. 누군가와 접촉함으로써 안정을 찾는 것을 접촉 위안이라고 하며 자기 자신을 어루만져 위로하는 것을 자기 접촉 행동이라고 한다.

흔히들 하는 턱 괴는 행동 또한 자기 접촉 행동 가운데 하나다. 턱을 괴고 있다는 것은 눈앞의 상황이나 대상이 충분히 만족스럽지 않거나 흥미를 느끼지 못한다는 의미다. 허전함을 메우고자 자기 자신과 접촉하여 가상의 친밀함을 느끼려 하는 것이다. 이런 현상을 다른 말로 '자기 친밀성'이라고도 한다.

자기 접촉 행동은 턱 괴기 외에도 다양하게 나타난다. 《털 없는 원숭이》라는 저서로 유명한 동물행동학자 데즈먼드 모리스(Desmond Morris)는 일반적인 자기 접촉 행동의 예로 턱 받치기, 머리카락 만지기, 입 만지기, 관자놀이 받치기 등을 들었다. 흥미로운 부분은 성별에 따라 행동에 차이가 있다는 점이다. 예를 들어 관자놀이 받치기는 2대 1의 비율로 남성에게서 많이 나타나고, 머리카락 만지기는 3대 2의 비율로 여성에게서 많이 나

기억해두면 유용한 심리학 용어
★접촉 위안: 접촉에 따라 위안과 안정감을 얻는 현상
★자기 접촉 행동: 접촉 위안을 얻기 위해 자기 몸을 만지는 행동

타난다고 한다.

만약 대화를 나누는 상대가 턱을 괴고 있다면 상당히 지루해하고 있다는 증거다. 혹시 당신은 자신의 이야기만 일방적으로 늘어놓고 있었던 것이 아닐까? 말을 잠시 멈추고 상대에게 이야기할 기회를 주도록 하자.

여성들은 왜 머리카락을 가지고 노는가?

같은 자기 접촉 행동이라도 표현하는 방식에 따라 다양한 해석이 가능하다. 가령 손가락으로 입술을 만지작거리는 '입 만지기'는 마음의 안정을 되찾으려 한다는 의미가 있다. 아기가 울음을 그치지 않으면 어머니는 젖꼭지를 물리고 안정을 찾을 때까지 꼭 안아준다. 손가락은 아기 시절 어머니의 젖꼭지 대신이다. 마음이 불안할 때 무의식적으로 손가락을 입에 대거나 물어서 안

턱을 괴는 것은 스스로를
위로하고자 하는 심리가 발현된 것이다.

손가락으로 입술을 만지는 것은
마음의 안정을 찾으려 하는 행동이다.

정을 찾으려 하는 것이다.

여기서 더 나아가면 손톱이나 손가락 관절을 깨무는 행동이 나타난다. 이 정도 되면 욕구불만이 상당히 심하다고 볼 수 있다. 이런 사람들의 손톱을 보면 끝부분을 모두 이로 뜯어내서 거칠거칠한 경우도 흔하다.

머리카락 만지기도 비슷하다. 머리카락 끝을 손가락으로 돌리거나 만지는 정도라면 자신을 위로하는 표현이지만, 이보다 더 심해져서 머리카락을 잡아당기거나 뽑는 단계까지 가면 자학의 의미로 해석할 수 있다. '내가 그때 도대체 왜 그랬을까?' 하는 자책이나 스스로에 대한 짜증이 행동으로 나타난 것이다.

사람은 입으로 거짓말을 하고 손으로 진실을 말한다

다음은 거짓말에 관한 어떤 실험 내용이다. 연구자는 여성 피실

머리카락을 매만지거나 돌리는 행위 역시
자신을 위로하는 한 가지 방법이다.

다만 머리카락을 뽑거나 손톱을 깨무는 것은
욕구불만의 표현으로 보아야 한다.

험자들에게 영상을 하나 보여준 뒤 두 가지 주문을 했다. 먼저 영상의 내용을 있는 그대로 전해달라고 주문했고, 다음으로는 거짓말로 내용을 지어내달라는 부탁을 했다. 그리고 이 여성들이 거짓말을 하는 순간과 진실을 말하는 순간을 몰래 촬영해 인간이 거짓말을 할 때 어떤 표정과 몸짓이 주로 나타나는가를 분석했다.

결과에 따르면 거짓말을 할 때는 손을 얼굴에 대는 동작이 눈에 띄게 많아졌다. 특히 자주 나타는 것이 입을 손으로 덮는 동작과 코를 만지는 동작이었다. 입을 손으로 덮는다는 것은 보이는 그대로의 의미다. 입에서 나오는 거짓말을 감추고자 하는 것이다. 코를 만지는 것은 입을 덮는 행위의 변형이라고 생각하면 될 것이다. 그 밖에 아래턱을 두드리거나 입술에 손을 대거나 눈썹 또는 귓불을 잡아당기는 등의 동작도 거짓말을 하는 사람들에게서 자주 보이는 것으로 나타났다.

얼굴만 보고 거짓말을 가려낼 수 있을까?

앞의 실험 결과가 맞다면 우리는 사람의 얼굴만 보고도 거짓말을 구분할 수 있는 것일까? 흔히들 그렇다고 생각하겠지만 사실 얼굴은 위장하기가 가장 쉬운 부분이다. 표정은 통제가 가능하고 일부러 지어낼 수 있기 때문에 얼마든 가장할 수 있다.

이를테면 최근 안 좋은 일을 겪은 사람을 만났는데, 의외로 아무렇지도 않은 듯 담담한 표정을 보일 때가 있다. 언뜻 냉담해 보기도 하는 그 표정은 '사람들 앞에서 울거나 무너져서는 안 돼.' 하는 의지를 끌어내 얼굴 근육을 통제한 결과다. 그 사람의 진짜 표정은 그 표면 아래에 숨어 있을 것이다. 이렇게 표정은 애써 숨기더라도, 일순간의 시선 등을 통해 본마음이 언뜻 드러나기도 한다.

거짓말은 얼굴 왼쪽에 나타난다

보디랭귀지 전문가인 앨런 피즈(Allan Pease)와 바바라 피즈(Barbara Pease) 부부는 저서 《당신은 이미 읽었다》에서 이런 사례를 소개했다. 어느 여성 면접관이 한 남성 지원자와 면접을 진행할 때였다. 다니던 회사를 왜 그만두었는지 묻는 질문에 남자는 이렇게 답했다.

"인간관계에는 불만이 없었지만 회사의 장래성을 확신할 수가 없었습니다."

면접관은 지원자의 태도가 왠지 모르게 마음에 걸렸다. 혹시 이전 회사에서 무슨 문제가 있었던 건 아닐까 하는 의심이 들어 녹화해놓은 면접 장면을 다시 한 번 돌려봤다. 그런데 예전 상사 이야기를 할 때마다 어째서인지 남자의 얼굴 왼쪽에 일순간 빈

표정 통제하기

정거림이 서린 웃음이 떠오르는 것을 발견했다. 그 지원자에 대해 자세히 조사를 한 결과, 전 회사에서 동료에게 마약을 팔다가 해고당했음을 알게 되었다. 자신만만하게 거짓말을 시도했으나 몸에 드러나는 신호마저 숨기지는 못했던 것이다.

인간의 감정은 우뇌가 담당한다. 우뇌는 좌반신에 신호를 보내므로 부자연스러운 웃음은 얼굴의 왼쪽에 나타나기 쉽다. 앞서 소개한, 입으로 손을 덮거나 코를 만지는 등의 코드는 눈에 쉽게 띄지만 어떤 코드들은 상당히 미묘하다. 일례로 짧은 시선 변화 등은 일순간 스쳐 지나가서 알아보기가 힘들다. 그래서 상대의 코드를 의식하고 늘 주의를 기울일 필요가 있다. 혹시 관계에 문제가 생기더라도 예민하게 감지할 수 있기 때문이다.

인간관계에서 청신호만큼 중요한 것이 바로 빨간 경고등이다. 경고등에 불이 들어왔을 때 알아챌 수 있어야만 그 사람과 어느 정도 거리를 유지할 것인지, 방향을 어떻게 조율해나갈 것인지를 판단할 수 있다.

문신, 새로운 나를 불러내는 부적

이제 문신은 개성을 드러내는 하나의 패션의 아이템으로 자리를 잡았지만, 애초에 글자나 문양을 몸에 새기는 행위는 정신을 고무하기 위한 의식 중 하나였다.

전쟁 영화를 보면 적의 본거지에 침투한 병사가 손가락에 진흙을 묻혀 얼굴에 칠하는 장면이 종종 나온다. 아직 마주친 적 없는 적에게 맞서기에 앞서 지금까지와 다른 자신의 모습을 불러내는 것이다. 마치 새로운 얼굴과 함께, 위험에 굴하지 않는 대담한 분신으로 변하는 듯하다.

그래서인지 조폭들은 호랑이나 용, 구렁이 같은 사나운 동물 모습을 주로 몸에 새긴다. 여기에는 이 동물들의 힘을 빌려서 자신을 강하게 만든다는 의미가 담겨 있다. 연예인들 또한 문신을 하는 경우가 흔한데 물론 치장의 의미도 있겠지만, 한편으로는 경쟁이 치열한 연예계에서 살아남기 위한 부적으로서 문신을 새기는 것일 수 있다.

마음에 해결하기 힘든 고민이나 불안이 있는 사람은 무언가 의지할 대상을 필요로 한다. 문신은 마음속의 무언가와 싸우는 중이라는 표시로 보아도 무방할 것이다.

Question

당신은 어떤 모습으로 잠을 자는가?

1. 옆으로 누워서 몸을 둥글게 웅크리고 자는 태아형
2. 옆으로 누워서 무릎을 조금 굽히고 자는 반태아형
3. 천장을 향하고 누워서 자는 임금님형
4. 엎드려서 자는 자유낙하형
5. 무릎을 세우고 자는 무릎산형
6. 이불을 뒤집어쓰고 자는 겨울잠형

자는 모습 속에 심층 심리가 보인다

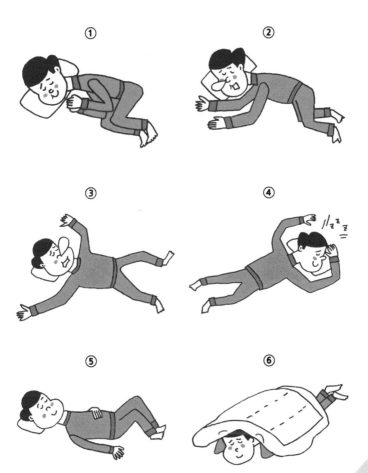

① ② ③ ④ ⑤ ⑥

➡ 자세한 설명은 109페이지에

몸, 무의식이
드러나는 캔버스

체형이 말해주는 그 사람

사람의 겉모습 중에서도 가장 먼저 눈에 들어오는 부분은 아마
도 체형일 것이다. 독일의 정신의학자 에른스트 크레치머(Ernst
Kretschmer)는 환자들과 면담을 반복하는 과정에서 사람의 체
형과 성격 사이에 어떤 연관성이 있다는 결론에 도달했다. 그는
인간을 체형에 따라 다음의 세 가지 유형으로 분류했다.

먼저, 마른 체형은 공상하기를 좋아하며 자신의 껍질 안에 틀
어박혀 사는 유형이다. 비사교적이고 신경질적이며 타인에게
관심이 없어서 종종 냉정한 행동을 할 때가 있다.

뚱뚱한 체형은 다가가기가 쉬운 유형이다. 타인과 교류하기
를 좋아하며 주변 사람을 잘 챙긴다. 한편으로는 기분에 기복이
있어서 유쾌할 때와 우울할 때의 차이가 큰 타입이기도 하다.

근육질 체형은 일단 '이거다'라고 정하면 곁눈질하지 않고 달

려나간다. 고집으로 똘똘 뭉쳐 있어서 다른 사람이 하는 말은 뒷
등으로도 듣지 않는다. 대신 이들은 목표가 생기면 끈기 있게 이
뤄낸다.

금메달리스트는 왜 가장 높은 곳에 서는가?

올림픽에서 최고의 성적을 거둔 선수는 시상대의 가장 높은 단
위에 올라가서 금메달을 받는다. 높이라는 것이 지위와 권력, 능
력을 상징하기 때문이다.

사람의 신장에도 마찬가지의 심리적 효과가 적용된다. 키가
큰 사람은 자연스럽게 자신감이 상승한다. 마음에 여유가 있으
며 매사에 긍정적인 태도를 보인다. 반대로 키가 작은 사람은 자
신감이 결여되는 경향이 있다. 남들의 내려다보는 시선에 익숙
해지다 보니 스스로에게 낮은 사회적 평가를 부여하게 된다.

실제로 비츠버그 대학의 졸업생들을 대상으로 연구한 결과에
따르면, 키가 큰 사람(185~190센티미터)이 그렇지 못한 사람보
다 초임이 평균 12.4퍼센트가량 높았다고 한다.

자고 있는 동안에 본성이 드러난다?

사람마다 자는 모습은 천차만별이다. 큰대자로 편하게 자는 사
람, 잔뜩 웅크리고 자는 사람, 이리저리 구르는 바람에 다른 사람

들 수면을 방해하는 사람. 잠자는 모습을 보고서 그 사람의 마음 깊은 곳을 들여다볼 수 있다면 어떨까?

미국의 정신분석학자 새뮤얼 던켈(Samuel Denkel)은 사람의 자는 모습과 심층 심리가 어떻게 연관되는가를 연구했다. 사람은 하룻밤 사이에 렘수면과 비(非)렘수면을 반복한다. 렘수면은 신체는 쉬고 있지만 뇌는 깨어 있는 상태다. 그리고 비렘수면은 뇌가 쉬고 있는 상태다.

비렘수면 상태일 때는 평소 마음속 깊은 곳에 숨겨져 있던 본심이 '자는 모습'을 통해 드러난다고 한다. 그중 몇 가지를 아래에 소개한다.

1. 의존심이 강한 '태아형'

옆으로 누워서 자신의 내장이나 얼굴을 보호하듯이 몸을 둥글게 웅크리고 자는 자세가 태아형이다. 스스로 행동하기보다는 누군가에게 보호를 받고 싶어 하는 유형이다. 나이와 상관없이 응석받이 같은 모습을 많이 보인다.

2. 균형 잡힌 상식인, '반태아형'

같은 태아형이라도 몸을 웅크리지 않고 무릎만 살짝 굽힌 채 자는 사람은 안정감이 있다. 평소 행동에 치우침이 없고 남들에게 협조를 잘하여 신뢰를 얻는다. 어떤 문제든 요령 있게 처리할 줄 알며, 고민을 끌어안고 끙끙거리지 않는다.

3. 자신만만하고 융통성 있는 '임금님형'

천장을 향해서 몸을 곧게 뻗은 채로 자는 자세가 임금님형이다. 소위 큰대자로 자는 유형이다. 부모의 사랑을 듬뿍 받고 자란 사람들이 주로 이렇게 잔다고 한다. 이들은 자신감이 강하면서 안정되어 있다. 행동에 거리낌이 없으며 임기응변에 능한 경우가 많다.

4. 자기중심적이고 깐깐한 '자유낙하형'

하늘에서 낙하산을 타고 내려오듯 엎드려 자는 자세를 자유낙하형이라 한다. 엎드려서 자는 것은 침대를 독점하고 싶다는 표현이라 할 수 있다. 이 사람들은 무슨 일이든 자신이 중심이 되길 원한다. 계획적인 성격이라 업무를 꼼꼼하고 정확하게 처리하며, 약속 시간에 늦는 일도 거의 없다. 또한 예상치 못한 사건으로 일상이 흐트러지는 것을 용납하지 못한다. 그래서 사소한 일에도 잔소리가 심하며 타인의 실수에 엄격하다.

5. 신경질적인 '무릎산형'

천장을 보고 누워서 무릎을 세운 채 자는 유형으로 마치 작은 산처럼 보인다고 해서 무릎산형이라 한다. 이들은 소위 말하는 뒤끝이 긴 타입이다. 사소한 일도 선명하게 기억하기 때문에 어설픈 거짓말은 통하지 않는다. 성격이 급하고 신경질적인 면이 있어서 주변 사람들에게 '같이 있으면 피곤하다'는 소리를 종종 듣는다.

6. 소심한 브레인, '겨울잠형'

겨울잠형은 한겨울에 곰이 굴 속에 틀어박히듯이 이불을 뒤집어쓰고 자는 자세를 말한다. 이렇게 자는 사람들은 소심한 면이 있어서 사소한 일로 고민하거나 우울해질 때가 있다. 한편으로는 상당히 섬세한 성격이라 매사를 여러 방향에서 복합적인 시각으로 바라볼 줄 알며 통찰력이 뛰어나다.

사람은 렘수면 상태일 때 꿈을 꾼다고 알려져 있다. 꿈 역시 사람의 심층 심리를 파악하는 중요한 단서가 되며, 프로이트나 카를 융은 꿈에서 무의식 세계의 실마리를 찾으려 했다.

자고 있을 때는 누구나 무방비 상태가 된다. 그래서 평소 감추었던 본심이 고스란히 나타나는 것이다.

4장의 기억할 이야기들

○ 얼굴에는 다양한 코드가 한데 섞여 드러나는데, 이것이 곧 첫인상이
  된다.

○ 누군가를 줄곧 바라본다는 것은 호감보다는 적의의 표현에 가깝다.
  다만 쳐다보는 동시에 입이 느슨하게 벌어져 있다면 그 사람에게 반했
  다는 의미로 해석할 수 있다.

○ 턱 괴기나 머리카락 만지기에는 자신을 위로한다는 의미가 있다. 또
  한 팔짱을 끼고 있는 사람은 방어벽을 만든 것이다.

○ 거짓말을 할 때, 사람의 얼굴은 동요를 감출 수 있지만 손과 시선은 그
  렇지 못해서 차분하지 못한 움직임을 보인다.

○ 거짓말을 하면 얼굴 왼쪽에 변화가 나타날 때가 많다.

○ 체형은 그 사람의 성격을 반영하며, 자는 모습에는 마음 깊은 곳의 심
  리가 드러난다.

5장

hello

무심코 뱉는 말버릇에서
본심이 보인다

Question

업무 중 실수로 상사에게 "죄송합니다"라고 사과를 했다.
당신의 상사는 뭐라고 답하는가?

1. "그러게 내가 뭐랬나?"
2. "누가 B형 아니랄까 봐……."
3. "뭐, 어쩔 수 없지."

내 실수에 대한 반응으로 상사의 성향을 알 수 있다

"죄송합니다"

① "그러게 내가 뭐랬나?"

② "누가 B형 아니랄까 봐…."

③ "뭐, 어쩔 수 없지."

➡ 자세한 설명은 118, 122, 135페이지에

오지라퍼, 배려 없는
참견쟁이들의 말버릇

"그러게 내가 뭐랬어?"

"으이그, 그러게 내가 뭐랬어? 그 사람 만나지 말라고 했잖아."

혜진의 이야기를 듣던 영주는 맥주잔을 내려놓더니 면박을 주듯 한마디했다. 친구의 표정이 점점 굳어가는 건 아랑곳하지 않고 열의에 차서 말을 잇는다.

"그 남자 말이야, 나는 처음부터 영 마음에 들지 않더라고."

영주의 설교 투 목소리에 혜진은 속으로 고개를 절레절레 젓지만 영주는 자기 이야기에만 심취해 있다.

친구들 사이에 종종 목격할 수 있는 장면이다. 언뜻 보면 성의껏 조언을 하는 듯하지만, 실상 속뜻을 해석하자면 '남자 보는 내 안목, 대단하지?'라는 의미다. 이들에게 주변 사람의 실패는 자신이 옳았음을 확인하기 위한 기회에 불과하다. 늘 자신이 우월하다는 생각이 기본적으로 깔려 있으며, 스스로 그 사실을 의식하든 못하든 틈만 나면 자신을 내세우고 자랑하려 든다. 그래서 "그러게 내가 뭐라고 했어?"라는 안일한 충고로 타인에게 상처를 주고 스스로 만족하는 것이다.

하지만 이런 유형은 자기만의 정답에 얽매이기 쉽다. 그런 탓에 세상을 바라보는 시야가 좁으며, 새로운 일에 선뜻 도전하지 못한다. 행동하기보다 말만 앞세우고 불만과 핑계를 달고 산다.

만약 여러분에게 이런 말버릇이 있다면 주위 사람들은 상당히 스트레스를 받고 있을 것이다. '항상 자기만 잘났다니까. 언젠가 큰코다칠 날이 올 거야.' 하면서 벼르고 있을지도 모를 일이다.

다만 평소에 그런 말을 거의 하지 않는 사람이 "그러게 내가 뭐랬어?"라고 말할 때는 귀담아 들을 필요가 있다. 진심으로 안타까운 마음에 건네는 '진짜 조언'이라고 보아도 좋다.

"내가 ~해줄게."
들었을 때 거부감이 들거나 짜증이 나게 만드는 말은 모두 '상대방을 배려하지 않는다'는 공통점이 있다. 본인은 그런 의도가 없을지 모르지만 상대의 기분이나 상태를 전혀 고려하지 않고 자기 편한 말만 할 때 역효과가 나타난다. "그러게 내가 뭐랬어?"와 같은 선상에서 상대의 신경을 긁는 한마디가 바로 "내가 ~해줄

게"이다.

사람마다 타인의 도움이 필요한 일과 그렇지 않은 일이 있다. 이는 사안의 성격뿐 아니라 상대와의 심리적 거리에 따라서도 달라진다. 그런데 이런 맥락을 고려하지 않고 타인의 영역에 불쑥 발부터 들여놓는 사람이 있다. 자신의 시간과 노력을 들여 도움을 주는 것이니 '어쨌든 나쁜 사람은 아니다'라는 인상을 줄 수 있다. 하지만 정도가 지나치면 선의의 의미는 퇴색하고 어느 순간 '쓸데없는 오지랖'으로 비치게 된다.

이를 이해하지 못하고 호의를 베풀었으니 타인도 분명 고마워할 것이라 믿는 이들이 더러 있다. 원하는 반응이 돌아오지 않으면 서운해하거나 화를 내기도 한다. 사실 이런 호의 속에는 '내가 이 정도 했는데, 어느 정도는 갚아주겠지……' 하는 보상 심리가 작용하기 때문에 상대에게 섭섭함을 느끼는 것이다. 서로 간의 다름을 인정하지 못하는 유아적인 태도라 할 수밖에 없다.

"아무한테도 말하면 안 돼요"
어떤 회사든 가십을 좋아하는 사람들은 있게 마련이다.

'김 부장과 서 대리가 심상치 않은 관계라더라', '사장파가 전무파한테 약점을 잡혀서 당분간 꼼짝 못할 것이다'.

탕비실이나 휴게실에서 서로 정보를 교환하기 바쁘다. 그리고 누군가와 단둘이 있게 되면 이때다 싶어 자기가 모은 정보를 흘린다. 화장실에서 손을 씻다가도 옆에 있는 직원에게 눈을 반짝이며 말을 건넨다.

"참, 그거 알아요? 총무부에 민 부장님 있죠? 이거 진짜 아무한테도 말하면 안 되는 건데…… 민 부장님이 말이에요……."

눈을 반짝이며 열심히 이야기하는 모습에 동료는 '왜 이런 이야기를 나한테 하지?' 싶으면서도 고개를 끄덕이게 된다.

실제로 이렇게 정보통을 자처하는 이들은 보통 남들에게 깊은 인상을 주는 타입은 아니다. 외모나 실력이 뛰어나서 주목을 받는 경우와는 거리가 멀며, 내심 그런 현실에 만족하지 못할 가능성이 크다. 그리고 속으로는 그런 현실을 부정한다. 사실 자신은 남들이 쳐다볼 만큼 대단한 사람인데 다들 몰라주는 것이라 생각하는 것이다. 그래서 주목을 끌기 위해 가십이라는 손쉬운 수단을 이용한다.

"이거 아무한테도 말하면 안 돼요"라는 말은 곧 "나 좀 봐주세요"라는 말의 다른 표현이라 할 수 있다.

큰 그릇처럼 보이고 싶은 작은 그릇들, 허세형의 말버릇

"뭐, 어쩔 수 없지"

이번 주까지 기획안을 완성했어야 하는데 까맣게 잊어버린 승규 씨. 잔뜩 긴장한 채로 상사에게 가서 솔직하게 털어놓자 의외로 싱거운 답이 돌아왔다.

"그래? 뭐, 어쩔 수 없지."

별 탈 없이 넘어가서 다행이다 싶으면서도 '오늘 밤을 새서라도 기획안을 끝내야지'라고 단단히 각오하고 있던 터라 내심 맥이 빠졌다. 듣는 사람을 왠지 허무하게 만드는 이런 말버릇은 어떤 심리에 기인한 것일까?

"뭐, 어쩔 수 없지. A안으로 결정합시다."

"그럼 어쩔 수 없지. 그냥 중국집으로 가자."

이런 대답은 '당신 의견이 썩 마음에 드는 건 아니지만 그냥 그렇게 하자'라는 이야기로 들려, 뭔가 무시당하는 듯한 기분이

든다. "그래. 중국집으로 가자"라고 말하면 될 텐데, 왜 '어쩔 수 없다'는 사족을 덧붙여서 상대를 은근히 불쾌하게 만드는 걸까? 이 말에는 상대방을 낮춤으로써 자신에게 위엄을 부여하려는 의도가 숨어 있다. 실상 자신은 더 좋은 최선의 방법을 알고 있다는 말을 하고 싶은 것이다. 쿨해 보이는 표정 뒤로 오만한 미소를 짓고 있을지도 모르니 그 사람의 의도에 휩쓸리지 말자.

"저기, 그때 그거 있지?"

재치 있는 말솜씨, 유려한 언변을 갖추지 못해도 말로 사람들의 이목의 끄는 방법이 있다. "저기, 그거 말인데……", "그래서 얘기하는 건데……", "그때 그거 있지? 어떻게 됐더라?" 하는 식으로 뭉뚱그려 말해서 듣는 이들이 '지금 무슨 말을 하려는 거지?' 하고 궁금하도록 만드는 것이다.

공통의 코드를 많이 공유하고 있어서 '그거'라고만 말해도 뭘 뜻하는지 알아듣는 관계가 아니라면, 위와 같은 말버릇은 상대방을 혼란스럽게 만들 뿐이다. 정작 중요한 할 얘기가 있는 것도 아니면서 이렇게 변죽만 울리면 옆 사람들은 '그래서 결국 무슨 소리를 하고 싶은 거야?' 싶어 답답해진다.

그런데 사실 이런 말버릇의 목적은 그렇게 함으로써 주목을 받는 데 있다. 이 유형은 원래 커뮤니케이션이 서툴다. 스스로 자신감이 없어서 '이 세상에 나한테 관심을 가져주는 사람은 없어'라고 생각한다. 재미있는 이야기로 사람들을 즐겁게 해주고 싶지만 '반응이 썰렁하면 어떡하지?', '쓸데없는 얘기라고 생각할지도 몰라.' 하는 걱정이 앞선다. 이럴 때 '그거', '그때'와 같이 모호한 말을 꺼내면 사람들이 잠시 동안이라도 주목해준다. 이런 기억이 무의식 속에 각인되어서 자기도 모르게 그런 말버릇이 굳어진 것이다.

그러나 효과는 길지 않다. 처음에는 반짝 호기심을 보이던 사람들도 별 내용이 없다는 걸 몇 번 경험하고 나면 '또 시작했군. 어차피 별 얘기도 아니면서……' 하고 흘려듣게 된다.

이 말버릇이 지속적으로 효과를 발휘하도록 만드는 방법은 딱 한 가지다. 바로 사회적으로 성공한 사람이 되는 것이다. 일단 성공한 사람의 코드는 모두들 어떻게든 의미를 부여하며 새겨듣는다. 그런 드문 경우에 속하는 게 아니라면, 먼저 디코딩 능력을 키워서 상대가 원하는 바를 예민하게 파악하는 훈련을 해야 한다. 뛰어난 영업사원이 원래는 내성적이고 말주변이 없는 사람이었다는 스토리는 흔하다. 꾸준한 디코딩 연습이 쌓이면 이야기의 내용에도 깊이가 생겨서 화려한 말솜씨가 없더라도 상대방의 마음에 닿는 이야기를 전달할 수 있게 된다.

"내가 요즘 너무 정신이 없어서……"

일본의 종교 사상가 히로 사치야는 누군가가 "요즘 바쁘시죠?"
라고 물으면 "일은 넘치지만 정신은 멀쩡합니다"라고 답했다고
한다. 한자어인 '바쁠 망(忙)' 자를 풀이하면 '정신(心)을 잃는다
(亡)'는 의미가 되는데, 여기에 착안하여 '정신은 멀쩡하다'고 재
치 있게 대답한 것이다.

실제로 능력 있는 사람은 아무리 많은 일을 끌어안고 있어도
정신없이 바빠 보이지 않는다. 오히려 틈을 내어 자기 관리를 하
고 사람들과 교류도 이어나간다.

물론 특별한 프로젝트나 상황 때문에 일정이 빠듯할 때도 있
다. 그러나 매일같이 "너무 바빠서 정신을 못 차리겠어"라고 말
하는 사람은 '바쁜 척'을 즐기려는 심리도 어느 정도 있다고 보
아야 한다. 쉴 틈 없이 일하는 유능한 사람으로 보이고 싶은 것이
다. 정말 계획성 있는 성실한 사람은 그렇게 바쁜 티를 내지 않는
다.

'언제나 바쁜' 사람은 변명거리도 언제나 많은 법이다. 함께
일하는 동료로서는 주의해야 할 인물이다.

헤어스타일을 수시로 바꾸는 사람은 줏대가 없다?

유행에 맞춰서 헤어스타일을 수시로 바꾸는 사람의 심리는 어떨까? 다양한 이유가 있을 테지만, 내가 스스로를 어떻게 느끼는가보다 주위 사람들이 나를 어떻게 생각하는가에 더 신경 쓰는 성격이라는 것만큼은 틀린 소리가 아닐 것이다.

일반적으로 인간은 사춘기 무렵 '나는 어떤 사람인가?'라는 정체성을 구축한다. 일단 자신이라는 존재에 대해 건강한 정체성이 확립되면 주위의 영향에 크게 흔들리지 않는다. 그런데 이 수준까지 성숙하지 못하는 경우가 더러 있다. 이런 사람들은 스스로 자신감이 없기 때문에 '모두가 칭찬할 만한 모습'을 좇는다.

헤어스타일도 마찬가지다. '이렇게 하면 다들 괜찮다고 하겠지?' 하는 마음으로 이런 스타일, 저런 스타일을 수시로 시도한다. 다시 말해 자신의 주관적인 판단이 아니라, 남들의 반응이 기준이 되는 것이다.

"어머, 헤어스타일 바꾸셨네요?"

"이야, 요즘 유행하는 그 머리네."

남들에게서 이런 칭찬을 듣고 나면 그렇게 뿌듯할 수가 없다. 그렇지 않고 반응이 뜨뜻미지근하면 자기 눈에는 아무리 괜찮아 보이더라도 서둘러 미용실을 다시 찾는다. 이런 유형은 '남들 눈 속의 나'가 아닌 '내 눈에 비친 나'에게 좀 더 관심을 기울여야 할 것이다.

누굴 위한 것인가,
나르시시스트의 말버릇

"다 너 생각해서 하는 말이야"
"이건 진짜 널 생각해서 하는 말인데, 그 사람 조심하는 게 좋을 거야."

드라마를 보면 이렇게 말하던 친구가 사실은 친구의 연인을 몰래 마음에 두고 있었다는 전개가 흔히 펼쳐진다. 그러니까 '너를 생각해서' 하는 말이 아니라 결국 '나를 생각해서' 하는 말인 셈이다.

실제로 이런 사람들은 상대방이 아닌 '상대를 위해서 애쓰는 자신'에게 도취된 나르시시스트의 측면이 있다. 때문에 이 사람의 말은 부담스럽거나 불쾌하게 느껴질 때가 많다. 친구가 "그냥 내가 알아서 할게. 지금은 아무 말도 하지 말아줘"라고 거부 의사를 밝히면 나르시시스트들은 이해하지 못한다.

"기껏 생각해서 해준 말인데, 어떻게 그렇게 사람 성의를 무시할 수가 있어."

　그럴수록 상대와의 거리는 점점 더 멀어진다는 사실을 기억
해야 한다. 누군가를 진심으로 위한다면 함께 생각하고 고민해
주되 '말'은 아껴야 할 때가 있는 법이다.

"그건 그렇고"

어떤 주제를 놓고 한창 대화를 나누다 말고 갑자기 불쑥 화제를
바꾸는 사람들이 있다.

　"그건 그렇고…… 맞다! 갑자기 생각났는데 말이야……."

　남자들 중에 이런 식으로 대화를 하는 경우가 종종 있는데, 이
런 사람은 일단 이성에게 인기가 없다. 여성에게 대화란, 상대와
의 연결고리를 만들고 이를 확인하는 행위다. 함께 공감하고 싶
어서 대화를 시작했는데 중간에 이유 없이 끊어버리고 자기 하
고 싶은 이야기를 시작한다면 '내 생각 같은 건 상관없다는 거
지?'라는 불만이 절로 생길 것이다.

　이렇게 남의 이야기를 끝까지 들어주지 못하는 사람은 왜 그
러는 걸까? 가장 흔한 이유는 인내심이 없어서다. 대화가 흥미롭
지 않다고 느끼면 화제를 빨리 바꾸고 싶어 하는 것이다. 다음으
로, 자기중심적인 성격을 이유로 들 수 있다. 다른 사람보다는 자
신이 중심에 있는 대화를 하고 싶은 것이다. 마지막으로 타인에

게 흥미 자체가 없는 사람들도 이렇게 행동한다. 남들 이야기에는 별 관심을 두지 않으며 자기 이야기가 훨씬 재미있다고 생각한다.

물론 상대편이 한 시간이고 두 시간이고 같은 이야기를 반복하는 경우라면 상황이 달라지겠지만, 남의 이야기를 끝까지 들어주는 것은 인간관계의 상식이다. 또한 타인의 호감을 사기 위한 첫걸음이라고 할 수 있다.

"아직도 다 못했어?"

옆에 있는 사람을 괜히 조급하고 불안하게 만드는 말이 바로 "아직도야?" 하는 것이다. 다른 사람의 속도를 느긋이 기다려주지 못하고 계속 확인을 하면 상당히 신경 쓰이고 눈치를 보게 된다. '아직도야?'를 수시로 외치는 사람들의 유형은 세 가지로 나눌 수 있다.

첫째는 수완가 유형이다. 일처리가 빠르고 효율적인 사람들이라 남들의 속도가 왜 자신과 같지 못한지를 이해하지 못한다. 또한 시간 낭비를 매우 싫어해서 속도가 느린 사람을 보면 자기도 모르게 "아직도 다 못했어?"라며 간섭을 하게 된다.

둘째는 교만한 유형이다. 기본적으로 남들을 자기 아래로 보는 성향이 있어서 누군가가 자신을 조금이라도 기다리게 만드는 걸 견디지 못한다. '내가 지금 너를 기다리게 생겼어?' 하는 심리에서 버럭 짜증을 내는 것이다.

셋째는 걱정이 지나친 유형이다. 이 유형의 사람들도 일을 금방 해치워버리지만, 그 이유는 수완가들처럼 시간이 아까워서가 아니다. 혹시라도 무슨 문제가 생겨서 일정을 제대로 지키지 못할까 걱정하는 마음에 미리 서두르는 것이다. 이 사람들에게는 속도가 느리거나 늦장을 부리는 사람들이 트러블의 씨앗으로 보일 수 있다.

일본의 작가 가이코 다케시(開高健)는 "느긋하게 서두르게"라는 말을 즐겨 사용한다고 한다. 아무리 스피드가 생명인 시대라지만 상대의 속도를 배려하는 여유를 잃지 말아야 할 것이다.

"그런 것도 몰라?"

형석 씨는 퀴즈 마니아다. 텔레비전 퀴즈 프로그램에 출연해 우승까지 한 적이 있는 실력자로, 워낙 박학다식해서 '걸어 다니는 구글'이라는 별명이 따라다닌다. 그런데 그런 형석 씨가 휴게실에 들어서면 다들 시선을 돌린다. 누군가가 무슨 말을 꺼낼라치면 "그런 것도 몰라?"라며 끼어들어 지식 자랑을 시작하기 때문이다. 마지막에는 형석 씨 혼자만 흡족한 상태로 대화로 종료되곤 한다. 사정이 이렇다 보니 휴게실을 하나 더 만들어달라고 총무부에 민원을 넣은 직원까지 생겼을 정도다.

상식이라는 것은 보통 많은 사람들이 공통적으로 인식하는 정보를 가리킨다. 그런데 형석 씨의 경우는 자신은 알고 다른 사람은 모르는 내용을 두고서 사람들에게 면박을 준다. 남의 기분을 고려하지 않고 창피를 주는 행동이 무례하다는 것은 누구나 아는 상식이다. 그런 측면에서 형석 씨는 지식이 많을지는 몰라도 상식은 없는 사람인 셈이다. 자신의 상식이 세상의 상식이라고 착각하는 헛똑똑이라 할 수 있다.

"그런 것도 몰라?"라는 말을 입버릇처럼 달고 사는 사람은 '아는 것'을 무기 삼아서 과도한 자부심을 품는 이들이다. '나는 세상에 도움이 되는 존재야', '지식으로 나를 이길 사람은 없어'라는 자기만의 신념으로 스스로를 고무한다. 실제로 이를 위해 꾸준히 노력한다는 점은 인정할 만하지만, 친해지고 싶은 유형이라고는 도저히 말하기 힘들다.

Question

내가 부탁한 일을 깜빡했다는 동료.
동료는 미안함을 어떻게 표현하는가?

A "지금부터 하려고 했는데……."
B "미안해. 진짜 미안."
C "난 진짜 바본가 봐."

미안해하는 말투로 그 사람의 성향을 알 수 있다

 ①

 ②

 ③

자세한 설명은 134, 136, 139페이지에

고민도, 반성도 없는
속 빈 강정형의 말버릇

"미안, 미안"

근현 씨는 사내에서도 유명한 덜렁이다. 경비 정산을 제때 하지 못하고서는 "아이고, 미안합니다"라며 넘어갔고 회의에 지각했을 때도 "미안, 미안합니다"라며 자리에 앉았다. 급기야 임원에게 질책을 받을 때도 "죄송합니다, 죄송합니다"라고 사과만 하다가 결국 아무도 가고 싶어 하지 않는 변두리 출장소로 발령이 나고 말았다.

보통 사람들은 실수를 하면 '두 번 다시 그러지 말아야지'라고 반성하기 마련인데, 이 유형은 똑같은 실수를 수없이 반복한다. 같은 실수를 또 저지르고도 '사과하면 어떻게든 되겠지'라고 생각하는 것이다. 스스로에 대한 자신감도 없고 상황을 바꿀 의지도 없다. 그러나 인생은 그렇게 만만하지 않다. 작은 실수라면 눈감아 줄 수도 있지만 큰 실수를 반복하고도 반성의 여지가 없다면 다들 등을 돌리게 된다.

"자네는 부족한 점을 개선하려는 의지가 있기는 한 건가?"

한 번쯤 이런 따끔한 소리를 듣는 날이 온다. 그런데도 죄송하다는 알맹이 없는 말만 반복한다면 상대의 태도는 점점 강경해질 수밖에 없다.

"누가 B형 아니랄까 봐……"

어떤 주제든 혈액형이나 사주팔자 등으로 연관 지어 결론을 내리는 사람들이 있다. 달리 표현하자면 '코드를 그냥 흘려보내는' 행동이다. 이런 유형은 어떤 사람의 생각이나 심리, 행동의 원인 등에 대해서 굳이 알아보거나 이해하려 하지 않는다. 타인의 코드를 읽거나, 자신의 코드를 노출하지도 않은 채 그저 'A형은 원래 B형이랑 잘 안 맞아'라고 결론짓는다. 혹은 누군가의 행동을 보며 "아이고, 누가 B형 아니랄까 봐……"라며 혈액형을 원인으로 돌린다.

그런데 혈액형 분류법이 실제로 잘 들어맞는 것처럼 보일 때가 있다. 어째서인지 혈액형이 A형인 사람들은 정말 소심한 것 같고, B형인 사람들은 제멋대로인 경우가 많은 것 같다. 이는 심리학에서 말하는 자기 충족적 예언이라는 현상으로 설명할 수 있다.

기억해두면 유용한 심리학 용어
★자기 충족적 예언: 미래에 대한 기대와 예측에 부합하기 위해 행동함으로써 기대한 바를 현실화하는 현상을 말한다. 거울자아 이론이라고도 한다.

'A형은 원래 소심하다는데, 그래서 내가 이런가 봐.' 하는 생각이 그 사람의 행동에 실제로 영향을 미치는 것이다. 마찬가지로 혈액형이 B형인 사람에게 지인들이 반복적으로 'B형은 엉뚱한 사차원 성격'이라는 기대를 주입하면 그 기대에 부합하는 행동이 강화될 수 있다.

혈액형으로 사람을 단순히 구분 짓는 것은 사람에 대한 고민을 게을리하는 결과로 이어진다. 또한 스스로 만든 울타리에 자신을 가두는 우를 범하게 될 수 있다. 이렇게 되면 자기 스스로 인간관계를 제한하는 결과를 낳는다. 인간의 성격은 어떤 환경에서 태어나고 자랐는가, 부모나 가족들과 관계가 어땠는가, 어떤 사람을 만나고 사귀었는가, 또 어떤 경험을 쌓았는가에 따라 수천, 수만 가지의 색상으로 달라진다.

"누가 B형 아니랄까 봐……." 하는 말버릇은 '사고의 어휘'가 부족하다고 자인하는 꼴이다. 자신의 머리로는 깊이 생각하지 않고 그저 반사적으로 혈액형을 찾는 것에 불과하다.

"지금부터 하려고 했는데……"
일을 잘하는 사람은 그 일을 원활히 진행할 수 있는 '틀'을 스스로 만든다. 누구나 감정의 기복이 있기 때문에 일에 집중이 잘될 때와 그렇지 않을 때가 있게 마련이다. 하지만 능률적인 사람은 일을 시스템화해 놓기 때문에 감정에 쉽게 좌우되지 않는다. '대체 어디서부터 손을 대야 하지?' 하는 고민도 할 필요가 없다. 일의 순서와 속도를 이미 파악하고 있기 때문이다. 그래서 컨디션이 저조할 때도, 일은 일대로 분리하여 프로답게 진행한다.

그런 측면에서 본다면 "지금부터 하려고 했는데⋯⋯"라는 말을 자주 하는 사람은 안타깝지만 아직 실력이 부족하다고 할 수밖에 없다. 즉, 일하는 방법을 잘 모르거나 감정에 쉽게 휘말려 공과 사를 분리하지 못하는 사람이다.

다른 한편으로 보자면, 이런 유형은 속말을 숨기지 못하는 솔직하고 순진한 측면이 있다. 적어도 핑계를 지어내거나 상대를 속이는 부류는 아니다.

너무 어리거나, 너무 영악하거나.
유아형과 연기형의 말버릇

"미안하긴 한데……"

업무가 제대로 진행되지 않았을 때, 혹은 약속을 지키지 못했을 때 "정말 미안하긴 한데……"라고 변명을 시작하는 사람들이 있다. 일이 이렇게 된 건 유감이지만 내 잘못은 아니라는 이야기다. 본인으로서는 해명을 하려는 것일 테지만 듣는 입장에서는 그저 의미 없는 변명일 뿐이다.

"죄송합니다. 제가 부족했습니다."

"정말 죄송한데, 제가 요즘 워낙 업무가 밀려 있어서요…….'

어느 쪽이 더 믿음직스러운가? 당연히 전자다. 책임감 없는 사람은 항상 변명부터 시작한다. 이렇게 하면 상황을 모면하기가 좀 더 수월할지 모르지만 그 다음부터 '중요한 일은 맡기면 안 될 사람'이라는 딱지가 붙는다. 이런 사람은 결국 책임감은 그리 필요 없는 일상적인 업무만 맡게 될 것이다.

어린아이들은 '하지만', '그치만'이라고 계속 변명을 늘어놓는다. 이럴 때 부모는 "알았어. 다음부터는 그러면 안 돼"라며 훈계하고 넘어가곤 한다. 이것은 아직 부모에게 의존할 수밖에 없는 어린 시절이기에 가능한 이야기다. 어른이 되어서까지 '하지만', '그런데'를 남용한다는 건 아직도 유아기의 버릇에서 벗어나지 못한 것이다.

'Yes, But' 화법은 누군가를 설득하는 힘이 있지만, 그 반대인 'But, Yes'는 아무런 힘이 없다는 사실을 기억하라. 그저 상대에게 실망감만 안겨줄 뿐이다.

"난 바본가 봐"

"그거 하나 제대로 못하고, 난 바본가 봐……."

"내 고집만 부려서 미안해. 내가 워낙 성격이 꽉 막혀서……."

뭔가 일이 잘못되면 이렇게 자신을 비하하는 사람들이 주변에 있는가? 어쩌면 그 사람은 어리숙한 사차원 캐릭터를 연기하고 있는 건지도 모른다. 사실 그 사람의 진짜 모습은 좀 더 강인하다.

심리학에서 말하는 영합 행동이라는 것이 있다. 자신을 의도적으로 비하해서 격을 낮춤으로써 상대방의 심리적 경계를 푸는 동시에 호의를 이끌어내는 고등 전술이다. "난 바본가 봐"라

기억해두면 유용한 심리학 용어
★영합 행동: 자신을 의도적으로 비하함으로써 상대방의 기대치를 낮추고 심리적 경계를 풀끔 만드는 행동

유아형·연기형

고 자책하는 것은 전형적인 영합 행동이다. 이 말을 들은 상대방은 '자기가 바보라는데 뭘 어쩌겠어……' 하고 체념을 하게 된다.

이 사람의 목적은 이렇게 상대의 빈틈을 파고들어 상황을 조금씩 자기에게 유리하도록 움직이는 것이다. 정말로 뭘 모르는 순진한 사람은 오히려 아는 척을 하게 마련이다. 그렇지 않고 일부러 바보인 척하는 사람은 주변의 공격이나 시선으로부터 자신을 지키려 수를 쓰는 것이다. 어쩌면 한걸음 떨어져서 자신에게 속은 사람들을 여유 만만하게 바라보고 있는지도 모른다. 이쯤 되면 진짜 바보는 상대방이라 해야 할 것이다.

일본 속담 중에 '바보와 가위는 쓰기 나름'이라는 말이 있지만, 바보인 척하는 사람만큼은 쉽게 쓸 수 있는 존재가 아니다.

5장의 기억할 이야기들

○ "그러게 내가 뭐랬어?"가 말버릇인 사람은 자신이 옳았음을 증명할 기회를 항상 노리고 있다.

○ "아무한테도 말하면 안 돼"라면서 가십을 퍼뜨리고 다니는 사람은 주목을 받아 화제의 중심에 서고 싶어 하는 유형이다.

○ 말끝마다 "요즘 내가 너무 정신이 없어서……"라고 덧붙이는 사람은 내심 유능한 모습을 연출하고자 하는 것이다. 바쁜 척만 할 뿐, 실속은 없을 가능성이 크다.

○ "다 너 생각해서 하는 말이야"라면서 원치 않는 조언을 하는 사람은 상대를 위해 애쓰는 자신의 모습에 도취된, 나르시시스트라고 볼 수 있다.

○ "그러고 보니 너 B형이었지"라며 혈액형으로 판단하기를 좋아하는 사람은 자신이 만든 울타리 안에 갇혀 편협한 잣대로 사물을 바라보는 유형이다.

○ "난 진짜 바보인가 봐……"라는 말버릇은 자신을 비하함으로써 상대의 경계를 풀고 체념하게끔 하는 일종의 전술이다.

6장

Wow!

마음을 녹이고 움직이는
말의 '겉모습'

부르는 호칭에 따라 상대방의 반응이 달라진다

Question

누군가에게 대화를 시도하거나 부탁할 때 당신은 어떤 호칭을 쓰는가?

1. 박 대리님, 진우 선배, 은정 씨 등의 이름
2. 저기, 저기요, 잠깐만요 등의 대체 단어
3. 호칭 없이 바로 본론으로

→ 자세한 설명은 149페이지에

힐링과 공감의
소통법

말하는 시간의 세 배를 들어주자

누구에게나 사랑받는 사람의 특징 중 하나가 바로 '이야기를 잘 들어준다'는 것이다. 이성으로서 관심이 없던 친구에게 연애 상담을 했는데, 내 이야기에 진심으로 귀 기울여주는 모습에 끌려서 결국 연인으로 발전했다는 사연을 들은 적이 있다.

인간은 누군가에게 마음을 터놓고 속 이야기를 하는 것만으로도 상처가 치유되고 활력을 되찾을 수 있다. 미하엘 엔데(Michael Ende)의 유명한 작품 《모모》에는 그렇게 남들의 이야기를 들어줌으로써 마음을 치유해주는 신비한 소녀가 나온다.

"모모에게 이야기를 하면 바보도 갑자기 멀쩡한 생각을 하게 됩니다. 모모가 어떤 조언을 하거나 질문을 던져서 그런 생각을 끌어내는 게 아니에요. 모모는 그저 얌전히 앉아서 귀 기울여 이야기를 들어줄 뿐이죠. 커다랗고 까만 눈망울로 상대를 지긋이 바라봅니다. 그러면 내 안의 어디에 이런 게 숨어 있었나 싶어 깜짝 놀랄 만큼 멋진 생각이 갑자기 머릿속에 떠오르는 겁니다."

이런 현상이 일어나는 이유는 상대가 이야기를 들어주는 사이 마음속에서 '정화'와 '통찰'이라는 두 가지 작용이 일어났기 때문이다.

여기서 정화란, 마음속에 품고 있었던 고민이나 비밀을 누군가에게 털어놓음으로써 기분이 후련해지는 작용이다. 그리고 통찰이란, 이런저런 이야기를 하는 사이에 머릿속이 정리되어 스스로 깨달음을 얻는 과정을 말한다.

고개를 끄덕인다는 것의 의미

다음의 심리학 실험은 면접 상황을 토대로 설계한 것이다. 이 실험에서 연구진은 면접 분위기에 따라 피실험자들의 반응이 어떻게 달라지는지를 관찰했다. 먼저 면접관은 수험자를 대할 때 각각 다음과 같이 태도를 달리했다.

1. 처음 15분 동안은 통상적인 면접
2. 다음 15분은 면접 동안 고개를 자주 끄덕임
3. 마지막 15분은 고개를 전혀 끄덕이지 않음

기억해두면 유용한 심리학 용어
★정화 효과: 사람의 마음속에 억압되거나 억제된 정서를 외부에 표출함으로써 얻는 긍정적인 효과를 의미한다. '카타르시스'라고도 한다.

정화 효과

수험자들이 발언하는 모습을 살펴본 결과 2번, 즉 면접관이 '고개를 자주 끄덕인' 경우에 수험자들의 말이 가장 많았다.

인생에는 즐거운 일만 일어나지 않는다. 불쾌한 일, 불합리하다고 느끼는 일도 수시로 만나게 된다. 그럴 때 느끼는 부정적인 감정의 무게를 혼자서 감당하기란 버거운 일이다. 나의 고통과 비밀을 함께 짊어져 주는 사람이 있다면 그보다 마음 든든한 일도 없을 것이다.

그런데 인간은 대체로 남의 이야기를 들어주기보다 자기 이야기 하는 것을 더 좋아한다. 이 말은 곧, 타인의 얘기에 진심으로 귀를 기울이는 사람이 의외로 적다는 뜻이기도 하다. 그렇기에 '나는 당신의 이야기를 귀 기울여 듣고 있습니다'라는 자세는 인간관계에서 상당히 효과적인 윤활유 역할을 한다.

"그렇구나", "많이 힘들었겠네"라고 맞장구를 치거나 공감해 주는 말, "그래서 어떻게 됐어?" 하고 흥미를 보이는 말, 고개를 끄덕이고 눈을 맞추는 행동 등은 상대에게 응원과 지지의 메시지를 전달한다.

물론 때로는 상대방의 이야기에 동의하지 않을 수도 있다. 그럴 때도 무조건 반박하고 나서기보다는 한걸음 뒤로 물러서서 적당한 간격을 확보할 필요가 있다. "그렇구나. 너는 그렇게 생각할 수도 있겠다." 하며 일단 상대의 입장을 인정한 다음, 필요하다면 자신의 의견을 덧붙이는 것이 현명한 자세다.

내가 그의 이름을 불러주었을 때

"저기요, 이것 좀 도와주시겠어요?"

"진영 씨, 잠깐 이것 좀 도와주시겠어요?"

여러분은 어떤 요청에 예스라고 답하겠는가? '이름은 실체를 상징한다'고 한다. 그래서 상대의 이름을 짚어서 이야기하면 호감도가 높아진다. 이 현상은 마음의 거리와도 관련된다. '저기'라고 부르는 것과 이름을 분명히 부르는 것은 심리적으로 다가서는 거리에 차이가 난다. 사람은 거리가 가까울수록 친밀함을 느끼게 마련이다. 또한 이름을 붙임으로써 다른 누구도 아닌 바로 당신에게 말하고 있다는 의미를 전달할 수 있으며, 이로써 서로 간의 소통에 일종의 책임감을 느끼게 만든다.

"그런데 희준 씨, 이번 의제 말인데……."

"맞아요, 성은 씨가 말한 그대로예요."

"기중 선배가 무슨 말을 하고 싶은지는 알겠어요. 그런데 내 생각에는……."

이렇게 다양한 대화의 맥락에 이름을 끼워 넣어 보자. 다만 너무 자주 이름을 부르면 역효과가 나니 주의해야 한다. 실험 결과, 처음 만난 여성의 이름을 15분 동안 6회 이상 부르자 '부자연스럽고 무례하다'는 반응이 나타났다. 상대의 이름을 부르는 방법은 대화의 첫머리나 중요한 전환점 등에 적절히 사용하는 것이 효과적이다.

'우리는 참 닮았어'라는 키워드

한 학교 기숙사에서 학생들이 서로 어떻게 친해지는지를 시간을 두고서 관찰했다. 가장 먼저 친해진 상대는 방이 가까운 친구였지만, 최종적으로 가장 가까워진 상대는 취미가 서로 맞는 친구였다. 다시 말해 사람들은 공통점이 있어야 서로 가까워진다. 공통점이 있는 사람은 서로의 생각을 읽을 수 있기 때문에 마음을 열기도 어렵지 않다.

말씀씨에 자신이 없다면 일단 겉모습에서 공통점을 만들어내는 것도 한 가지 방법이다. 앞에서도 소개한 미러링이라는 수법으로, 은근슬쩍 상대의 몸짓을 따라서 자연스럽게 친밀감을 높이는 것이다.

두 사람 사이에 서로 마음이 통하게 된 상태를 임상심리학에서는 라포르라고 부른다.

대화 전에 라포르를 구축할 수 있다면 잘 모르는 사람과도 상당히 편안하게 이야기를 나눌 수 있다. 이때 필요한 또 한 가지 팁은 대화 중간중간에 '우리는 참 닮았어'라는 메시지를 담는 것

기억해두면 유용한 심리학 용어
★라포르: '다리 놓기', '연결하기'라는 의미의 프랑스 단어. 사람과 사람 사이에 생기는 친밀감, 유대감, 상호 신뢰관계를 말한다.

이다. "정말? 나도 그런데", "어, 나도 비슷한 일이 있었어." 하는 식으로 두 사람의 공통점을 은근히 강조해보자. 그런 대화가 반복될수록 상대방의 의식 속에 친밀감이 쌓이고 경계심은 사라져서 심리적 거리가 한층 좁혀질 것이다.

설득의 기술

목소리가 설득력을 좌우한다

누군가를 설득할 때 중요한 요소 가운데 하나가 바로 목소리다. 말이 빠른 사람, 느릿느릿 말하는 사람, 목소리가 큰 사람, 혹은 갈라지는 사람 등 저마다 목소리의 특징이 있을 텐데 설득력이 라는 측면에서 보자면 낮은 목소리로 차분하게 말할 때 가장 신뢰감을 준다.

사람은 긴장하면 말이 빨라지는 경향이 있다. 말이 빨라지 면 알아듣기가 힘들며 왠지 불안하게 느껴진다. 이야기의 내용이 얼마나 논리적이고 근거가 탄탄한가도 물론 중요하다. 하지만 자기가 하는 말에 스스로 자신이 있느냐, 아니면 본인부터가 100퍼센트 확신을 하지 못하느냐 역시 듣는 사람에게 상당히 중요한 판단 기준이 된다.

수치로 표현하자면 1분에 350자 정도의 속도가 가장 이상적이라고 하며, 막힘없이 말하는 것이 중요하다. 또한 구체적인 비유나 예시를 들어 머릿속에 이미지를 떠올릴 수 있도록 하면 충분한 공감을 끌어낼 수 있다.

대답은 '그렇구나'로 시작한다

인간관계에서는 반응이 반응을 낳는다. 퉁명스럽게 말하면 퉁명스러운 대답이 돌아오고, 상냥하게 말하면 상냥한 답이 돌아온다. 타인은 자신의 거울이라는 말이 있다. 사람들이 나와 멀어지게끔 만드는 원인을 스스로 제공하고서 그 사실을 깨닫지 못하는 경우가 많다.

의견을 전달할 때는 그래서 특히 유의해야 한다. 상대방의 이야기에 동의하든 그렇지 않든, 일단은 수용하는 제스처를 취하는 것이 원칙이다. '그게 아니다'라는 말로 얘기를 시작하면 반대와 거절이라는 부정적인 의사를 전달하게 된다. 같은 내용이라도 말하는 방식에 따라 '나를 거부하는구나'라는 느낌을 줄 수도 있고, 반대로 '그래도 나를 인정해주는구나'라는 생각이 들게끔 할 수도 있다. 인간관계의 방향은 바로 여기에서 시작된다.

"그렇군. 그 부분은 생각해볼 여지가 있겠어. 그런데 이 상품은……."

"무슨 말씀인지 이해했습니다. 그럼 이 경우는⋯⋯."

"거기까지는 미처 생각을 못했습니다. 그런 측면에서 이번 프로젝트를 설명드리자면⋯⋯."

이렇게 상대의 이야기를 일단 수용한 후 본론으로 들어가면 어떨까? 상대방을 배려한다는 느낌을 줄 수 있으며, 무엇보다 이쪽의 이야기에 마음을 열고서 귀를 기울이게끔 만들 수 있다.

'Yes, But'으로 설득한다

위의 방법을 적용한 설득 기법이 'Yes-But 화법'이다. 이 방법을 사용하면 상대방은 '일단은 내 의견을 들어줬다'고 생각해서 만족한 상태가 된다.

"자세한 말씀 감사합니다. 지금 어떤 입장이신지 잘 알겠습니다. 충분히 이해한 상태에서 드리는 말씀입니다만⋯⋯."

'Yes'로 상대의 상황을 존중한 후 설득에 나서면 이쪽 의견에 반대하기가 쉽지 않아진다. 설득이란 억지로 강요하는 것이 아니다. 이 의견에 동의했을 때 어떤 이점이 있는가를 본인이 충분히 이해하여 자발적으로 따르도록 만드는 것이 진정한 설득이다. 그렇지 않고 상대방을 붙잡고 늘어져서 어쩔 수 없이 넘어오도록 하면 뒤끝이 개운하지가 않다. 나중에라도 그 사람은 '감언이설에 넘어갔다'며 후회할 수 있다.

'Yes-But'과 정반대인 'No-But 화법'도 있다. 되는 것과 안 되는 것을 분명하게 짚어주되, 유연성 있는 태도를 보이는 것이 관건이다.

"A안의 경우 이번에는 보류할 수밖에 없습니다만, B안으로 접근한다면 승산이 있을 듯합니다."

단순히 부정하는 것이 아니라 대안을 함께 제시하여 상대방도 수긍하도록 유도할 수 있다.

미용실에 원빈이 늘어났던 이유

언젠가 탤런트 원빈이 시상식장에서 '투블럭' 헤어스타일을 선보인 후 많은 남자들이 원빈 사진을 손에 들고 미용실을 찾았다는 웃지 못할 이야기가 전해진다. '원빈 투블럭' 외에도 유명한 연예인의 이름이 앞에 붙은 특정 헤어스타일은 많다.

사람들이 이렇게 동경하거나 좋아하는 인물의 헤어스타일을 따라 하는 이유는 무엇일까? 물론 단순히 멋있고 예뻐 보여서일 수도 있지만, 좀 더 깊숙한 심리를 들여다보자면 그 대상의 이미지와 자신을 일체화함으로써 만족감을 얻고자 하는 것으로 해석할 수 있다.

다시 말해 헤어스타일에는 그 사람이 '동경하는 인생'이 투영된다.

'지금의 삶이 아닌, 다른 삶을 살 수 있다면 어떨까?'

누구나 한 번쯤 이런 생각을 해보았을 것이다. 더 심한 경우에는 자기혐오에 빠져서 완전히 다른 존재로 탈바꿈하고 싶다는 열망을 품기도 한다. 그럴 때 헤어스타일은 기존의 이미지를 간단히 바꿔주는 수단이 된다.

'리셋'을 바라는 마음의 발로로서 헤어스타일을 본다면, 연예인 사진을 들고 미용실을 찾는 손님들에게 "손님, 이건 얼굴의 문제예요"라는 심드렁한 답을 하지는 못할 것이다.

자신감이 묻어나는
말하기 방법

흐리멍덩한 사람은 말도 회미하다

이야기를 할 때 말끝을 흐리는 사람이 있다. 뭔가 할 말이 있는 것 같은데 우물거려서 논지를 제대로 파악하기가 힘들다. 말의 내용 자체가 나쁘지 않아도 말투 때문에 손해를 보는 경우다.

"참석할 수 있을 것 같긴 한데, 그날 다른 회의도 있어서……. 끝나는 시간을 예측하기가 어려워서 뭐라고 말씀드리기가 어렵네요."

그래서 결론이 뭐라는 건지 알 수가 없다. 확실한 답을 위해 부연 설명을 자꾸 요구하게 된다. 그런 뒤에도 저 사람이 약속을 정말 지킬 수 있을지 분명치 않아 안심할 수가 없다.

말을 잘하는 사람은 알아듣기 쉽고 리듬감 있게 얘기한다.

"알겠습니다. 그런데 그날 오전에 다른 회의가 잡혀 있어요. 혹시라도 늦어질 경우에는 사전에 연락드리겠습니다."

이렇게 말하면 회의에 늦을 수도 있음을 상대도 충분히 양해하고 상황에 대비할 수 있다. 전자의 대답에 비해 한결 신뢰가 가고 호감을 느끼게 된다.

Yes라고 말하든 No라고 말하든, 유능한 사람은 모호한 표현을 사용하지 않는다. 내가 판단을 보류하면 상대방에게 부담을 떠넘기는 결과를 낳는다. 지금 미안한 말을 하기가 껄끄러워 모호한 대답을 하는 것이겠지만, 그런 대답은 상대를 곤란하게 만들 뿐이다. "잘 모르겠습니다"라고 답하고서 마냥 기다리게 만드는 것보다는 차라리 "죄송합니다. 이번에는 어렵겠습니다"라고 말하는 편이 서로에게 도움이 된다.

기억할 것은, 내 대답을 듣고서 상대방이 즉시 어떤 행동을 취할 수 있어야 한다는 것이다. 그것이 '일 잘하는 사람', '말이 통하는 사람'의 방식이다.

'나는'의 마법

"몇 번을 말해야 아시겠습니까? 저는 아닙니다."

형사 드라마에 나오는 취조 장면을 떠올려보자. 이 대사에서 '저'가 빠진다면 어떤 인상을 주게 될까? '정말 억울하다'는 느낌이 상대적으로 덜할 것이다. 형사 입장에서는 '그렇게 강하게 부정하지는 않네?'라고 생각할지도 모른다.

간단한 예에서 보았듯이, '나'라는 대명사는 뭔가를 호소할 때 그 내용을 강조하는 역할을 한다.

회의 자리에서 팀원들 각자가 의견을 밝히는 상황이라고 해 보자.

"아직 조사가 부족한 부분이 있으니 전문가에게 의견을 구하는 게 어떨까요."

"지금은 속도가 관건인 시대입니다. 타이밍이 중요하다고 생각합니다."

"저는 젊은 층을 타깃으로 했을 때 시장을 확대할 수 있을 것이라 생각합니다."

세 사람 가운데 가장 의욕적으로 보이는 사람은 마지막이다. 다른 두 사람이 한 발 물러나 객관적인 입장에서 의견을 내놓았다면, 마지막 사람은 자신의 의견에 좀 더 밀착하여 힘을 싣는 듯한 느낌이다. '나는 시도해보고 싶다'는 의지가 더 강하게 느껴진다. 성공의 가장 중요한 열쇠는 열의라는 말이 있다. 특히 의견이 서로 비등한 상황이라면 조금이라도 더 적극적인 태도를 보여주는 쪽이 승자가 되게 마련이다.

'나'를 숨길 때와 드러낼 때

'나'라는 단어를 사용하되, 내 의견을 강조하는 것이 아니라 상대편을 지지한다는 메시지를 전달할 수도 있다.

아래 두 사람의 화법을 비교해보자.

"부장님의 의견이 옳다고 생각합니다."

"저는 부장님 의견에 찬성합니다. 왜냐하면……."

첫 번째 사람이 객관적인 입장에서 동의한다는 느낌을 주는데 비해, 두 번째 사람은 본인의 주관이 더 개입된 느낌이다. '다른 사람은 어떻게 생각할지 모르겠지만 나는 당신 이야기에 찬성한다'는 뉘앙스가 담겨 있다.

같은 원리를 거꾸로 이용해 '나'를 의도적으로 뺄 수도 있다. 앞의 상황과는 반대로 상대방의 의견에 동의하지 않을 때, 관계가 손상되는 것을 막기 위한 장치로서 이 방법이 효과적이다.

"저는 그렇게 생각하지 않습니다."

"그것과는 다른 의견인데요……."

똑같이 반대 의견을 제시하더라도 후자가 거부감이 한결 덜하다. 전자의 경우 '지금 내가 틀렸다는 거야?' 하는 반감이 들어서 상대가 자신의 주장을 더 강력하게 고수할 수 있다. 그런데 이때 '나'라는 단어를 배제하면, 감정이 실리지 않은 객관적인 의견으로서 한층 부드럽게 접근할 수 있다.

6장의 기억할 이야기들

○ 고개를 끄덕이면서 이야기를 들어주기만 해도 상대는 편안함을 느낀다.

○ 이름을 불러주면 심리적 거리가 가까워져서 호감도가 상승한다.

○ 차분하고 낮은 목소리로, 빠르지 않은 속도로 말할 때 상대에게 신뢰를 줄 수 있다.

○ 'Yes-But 화법'으로 말하면 상대를 우선 인정한다는 메시지를 전달해, 상대방이 내 의견에 동조할 확률이 높아진다.

○ 양해를 구해야 하는 상황에서 모호하게 말을 하면 상대는 더욱 곤란해진다. 상대방이 즉시 행동에 나설 수 있도록 명확한 의사를 전달해야 한다.

○ '나'라는 단어를 어떻게 사용하느냐에 따라 호소력을 높일 수도, 상대에게 지지 의사를 전달할 수도, 혹은 반감을 누그러뜨릴 수도 있다.

외모의 작은 변화로
'되고 싶은 나'를 연출한다

넥타이 색깔로 그날의 분위기를 조정할 수 있다

Question

오늘은 새로운 거래처와 처음 미팅이 있는 날이다. 거래를 성사시키고 싶은 당신은 어떤 넥타이를 고를 것인가?

1. 정열의 붉은색 넥타이
2. 행복의 노란색 넥타이

➜ 자세한 설명은 167페이지에

이미지를 180도
바꿔주는 코디법

나에 대한 이미지를 바꾸면 나 자신이 바뀐다

지금까지 설명했듯이 사람은 자기 내면의 욕망이나 감정을 코드로 변환하여 외부로 발산한다. 그리고 주위 사람들은 이 코드를 무의식적으로, 혹은 의식적으로 읽음으로써 상대를 인지한다. 다시 말하자면, 코드를 스스로 설정해서 자신이 바라는 이미지를 사람들에게 각인시킬 수 있다는 뜻이다.

단순히 겉모습만 바뀔 뿐 아니냐고 말하는 사람도 있을지 모른다. 하지만 겉모습이 바뀌면 나를 바라보는 주위 사람들의 시선이 달라진다. 그리고 사람들의 달라진 시선은 나의 행동에 다시 영향을 미친다. 앞에서도 이야기한 '자기 충족적 예언'의 효과다.

마음을 바꾼다는 것은 말처럼 쉽지 않은 일이다. 그러나 겉모습은 간단한 시도로도 얼마든 변화를 줄 수 있다. 외모가 달라짐

기억해두면 유용한 심리학 용어

★로젠탈 효과: 타인의 기대나 관심으로 인해 좋은 결과를 얻게 되는 현상. 로버트 로즌솔 교수는 캘리포니아의 한 초등학교 교장과 협력하여, 이 초등학교 전교생을 대상으로 지능 검사를 실시했다. 이후 반마다 무작위로 20퍼센트가량의 학생을 선정해 그 명단을 교사에게 전달하면서 지능지수가 특별히 높은 학생이라고 첨언했다.

으로써 주위 사람들이 인지하는 내 이미지가 달라지고, 그 결과 나의 태도와 가치관이 더 긍정적으로 바뀔 수 있다. 충분히 가능한 이야기다. 하버드 대학의 로버트 로즌솔(Robert Rosenthal) 교수가 발표한 로젠탈(로즌솔) 효과에 따르면, 타인의 기대나 관심이 높을 경우 실제로 더 성공적인 결과를 거두게 된다고 한다.

지금의 나를 바꾸고 싶다면, 혹은 나의 많은 모습 가운데 특별히 강조하고 싶은 특징이 있다면 먼저 겉모습부터 시작해보기 바란다.

대통령의 파워 타이

'파워 타이'라는 말을 들어본 적 있는가? 특별한 넥타이가 따로 있는 것이 아니라, 빨간색 넥타이를 가리키는 별칭이다. 빨간색은 정열과 생명력을 상징한다. 그래서 빨간색 의상이나 액세서리를 착용하면 에너지가 넘친다는 인상을 줄 수 있다.

미국의 대통령 선거전에서 파워 타이가 빈번히 사용되는 것도 빨간색의 이런 효과 때문일 것이다. 미국의 오바마 대통령도 취임식에서 이 파워 타이를 맸다. "Yes, we can'과 'Change'가 그날 취임사의 키워드였는데, 대통령의 빨간색 넥타이는 그 이미지를 직접적으로 반영한 것이었다.

절대 물러설 수 없는 교섭을 해야 한다면 빨간색 넥타이를 선

8개월 후 다시 전교생을 대상으로 동일한 지능검사를 실시한 결과, 놀랍게도 교사들에게 나눠준 명단에 속했던 학생들의 평균 점수가 다른 학생들보다 두드러지게 높게 나타났다. 특별한 학생이라는 교사의 기대와 격려가 해당 학생들의 점수를 높인 것이다.

택해보라. 진취적이고 적극적인 분위기를 연출할 수 있다. 다만 너무 원색적인 빨강은 자기과시 욕구로도 비칠 수 있으니 적절한 톤을 선택하는 것이 좋다. 전통적인 무늬를 배합해서 균형을 맞춰도 좋을 것이다.

조심스러운 자리라면 첫 대면부터 빨간색 넥타이를 매는 것은 권하지 않는다. 빨간색은 감정을 고무하는 색이다. 안 그래도 첫 만남에서는 긴장하게 마련인데, 활기차다 못해 자칫 강압적인 이미지를 심어줄 수 있다.

그런 측면에서 첫 만남에 잘 어울리는 것은 노란색 넥타이가 아닐까 한다. 나무에 노란 손수건을 흐드러지게 묶고서 오랜 연인을 기다린다는 내용의 유명한 노래가 있다. 여기서 노란색은 기다림과 재회를 상징한다. 실제로 노란색은 희망을 연상시킨다. 또한 친근감을 주는 색이기도 하다.

커다란 꽃무늬 넥타이로 개성을 표현한다면?

슈트를 입을 때는 셔츠와 넥타이가 드러나는 'V존'에 시선이 집중된다. '슈트의 모든 것'이라고도 하는 V존 중에서도 핵심은 바로 넥타이다. 무난한 민무늬부터 줄무늬, 격자무늬, 물방울무늬, 기하학적 무늬 등을 많이 선호하며, 어떤 이들은 남들과 같은 건 싫다며 페이즐리 패턴이나 꽃무늬 등 크고 화려한 타이를 택하기도 한다.

하지만 넥타이의 무늬가 너무 클 경우, 몸을 조금만 움직여도 무늬가 흔들리는 것처럼 보여서 차분하지 못하다는 인상을 줄 우려가 있다. 안정적인 분위기에서 신뢰감을 형성해야 하는 자리라면 이런 넥타이는 그리 잘 어울리지 않는다. 진지하고 깊은 대화를 나누는 데 조금이라도 방해 요소가 될 수 있기 때문이다.

넥타이로 개성을 추구하고 싶다면 패턴은 특이하되 무늬가 작은 것을 고르도록 하자. '자세히 보니 재미있네.' 하는 느낌이 들도록 자연스럽게 매력을 표현할 것을 권한다.

지적으로 보일 것인가, 개성적으로 보일 것인가

간단한 방법으로 이미지에 큰 변화를 주고 싶다면 안경만 한 아이템이 또 없을 것이다. 눈은 사람의 인상을 형성하는 데 아주 중요한 역할을 하는데 그 눈의 이미지를 바꾸는 것이 안경이다. 공인들이 법정에 출두하거나 심각한 기자회견을 할 때 검은색 뿔테 안경을 흔히 착용하는 것도 안경의 그런 힘을 이용한 것이다.

안경점에서 시험 삼아 착용해보면 알 수 있겠지만, 어떤 안경테를 고르느냐에 따라 분위기가 완전히 달라진다. 있다. 특히 메탈 프레임은 섬세하고 지적인 이미지를 연출해준다. 다만 같은 메탈 프레임이라도 빌 게이츠가 쓰는 것 같은 소박하고 튼튼해

보이는 테는 일에만 집중하는 워커홀릭의 느낌을 준다. 업무 시간 외의 사적인 공간에서는 좀 더 날렵하거나 부드러운 프레임을 고르는 것이 적절할 것이다.

독창성을 과시할 필요가 있는 크리에이터나 연예인들은 디자인이 기발한 안경이나 렌즈가 비정상적으로 큰 안경을 일부러 고르기도 한다. 그 정도까지는 아니더라도 자신의 개성을 살린 독특한 안경테를 착용하면 '유쾌하고 낙천적인 사람'이라는 분위기를 만들 수 있다. 눈앞에 걸친 작은 소품 하나로 세상이 왠지 달라 보이는 기분을 느껴보는 건 어떨까.

〈스카이 캐슬〉의 김주영 선생이 사자 머리를 한다면?

상상해보기 바란다. 드라마 〈스카이 캐슬〉의 냉철한 입시 코디네이터 김주영이 머리카락 한 올 흐트러지지 않은 기존의 올백머리 대신, 사자 갈기 같은 파마머리로 "어머님, 제 말을 전적으

안경을 머리 위로 걸치면
젊고 발랄한 인상을 준다.

안경 너머로 눈을 치켜뜨고 있으면
왠지 거만해 보인다.

로 믿으셔야 합니다." 하고 말하는 장면을. 아마도 우리가 익히 아는 김주영의 그 냉철하고도 프로다운 느낌은 찾을 수 없을 것이다.

여성의 올백 머리와도 같은 헤어스타일을 남성에게서 찾아보자면, 3대 7로 정확하게 가르마를 탄 단정한 머리를 떠올릴 수 있다. 일본 만화 《시마 과장》의 주인공 시마 고사쿠는 이 3대 7의 헤어스타일을 고수한다.

입시 코디네이터 김주영이나 시마 과장이 성공을 거두기까지는 물론 실력이 가장 중요한 요인이 되었을 테지만, 헤어스타일 또한 한몫 거들었다는 사실은 분명해 보인다. 이런 올백 머리나 3대 7 가르마는 남녀의 가장 정통적인 헤어스타일이다. 누군가를 처음 만났을 때는 어느 정도 경계심을 품게 마련인데, 이때 의외성을 최소화한 헤어스타일을 하면 안정적이고 신뢰할 만한 사람이라는 인상을 주게 된다.

만약 시마 과장이 밝은색으로 염색한 곱슬머리였다면 지금처럼 대기업의 회장 자리까지 오를 수 있었을지 의문이다. 그보다는 자유로운 발상과 기동력으로 승부하는 벤처 창업가로 활약하는 편이 훨씬 잘 어울리지 않을까?

첫인상은 말 그대로 관계의 시작을 의미하는 강렬한 이미지다. 미국의 심리학자 앨버트 머레이비언(Albert Mehrabian)이

발표한 머레이비언의 법칙에 따르면, 한 사람의 첫인상을 좌우하는 요소 중 가장 중요한 것이 시각적인 이미지로, 목소리나 말의 내용보다도 훨씬 더 결정적인 영향을 미친다고 한다.

강력한 첫인상으로 승부하기 위해 화려한 시각적 이미지를 활용하는 방법도 있지만, 자연스럽고도 안정적인 만남을 원한다면 김주영 선생이나 시마 과장을 벤치마킹할 것을 권한다.

'츤데레'가 인기를 끈 이유

'처음에는 예의 없고 제멋대로인 사람이라 생각했는데, 알고 보니 의외로 순진하고 다정한 면이 있어서 사람을 다시 보게 됐다.'

주변에서 이런 식의 이야기를 한 번쯤은 들어보았을 것이다. 한때 이슈가 됐던 '나쁜 남자'나 무심한 듯 따뜻한 사람을 가리키는 신조어 '츤데레'도 이 경우에 해당한다. 이는 첫인상과 실제 성격과의 괴리감이 역설적으로 긍정적인 효과를 증폭시킨 결과다.

앞서 첫인상이 중요하다고 말했지만 좋은 첫인상을 주는 데 실패했더라도 실망할 필요는 없다. 제2, 혹은 제3의 인상으로 새로운 이미지를 구축한다면 만회가 가능하다. 이를 친근 효과

기억해두면 유용한 심리학 용어

★**머레이비언의 법칙**: 한 사람의 첫인상을 결정하는 요소는 시각이 55퍼센트, 청각이 38퍼센트, 언어가 7퍼센트를 차지한다는 법칙. 여기서 시각은 복장, 용모, 제스처, 자세 등의 외적인 부분을 말하며 청각은 목소리의 톤이나 음색을, 언어는 말의 내용을 가리킨다. 즉, 말보다는 비언어적 요소인 시각과 청각이 사람의 인상에 좌우한다는 것이다.

라는 심리학 용어로 설명할 수 있는데, 마지막에 얻은 정보가 처음 정보보다도 더 강렬한 인상을 남긴다는 것이다.

이런 측면에서 보자면, 처음부터 기대를 완벽히 충족시키는 것보다 오히려 부족한 모습에서부터 시작해 의외의 긍정적인 면을 보여주는 것이 효과적일 수도 있다. 특히 자신의 본 모습을 억누르고 지나치게 이미지를 꾸며낸 경우에는 이후 만남이 반복될수록 실망감을 안겨주게 되기 쉽다. '처음에는 안 그러더니, 갈수록 사람이 이상하게 변하더라.' 싶어지는 것이다.

우리는 다양한 코드를 사용함으로써 '되고 싶은 자신'을 만들 수 있다. 그러나 외모로 연출한 코드가 효과를 발휘하는 시간은 길지 않다. 신데렐라의 마차가 자정이 지나면 호박으로 변하는 것처럼 말이다. 코드를 통해 일시적으로 자신감을 얻고 분위기를 전환한 후, 그 다음부터는 온전히 자신의 힘으로 관계를 끌어가야 한다. 마법이 아닌, 나만의 진짜 매력을 파악하고 만들어나가야 하는 이유다.

기억해두면 유용한 심리학 용어

★친근 효과: 낡은 정보보다도 새롭게 얻은 정보가 기억에 더 강하게 남는 현상을 말한다. 이 이론에 따르면, 어떤 판단을 내릴 때는 바로 직전에 접한 정보에 강한 영향을 받는다고 한다.

짧은 머리와 동안의 상관관계

헤어스타일에 큰 변화를 주는 것은 상황을 다시 정비한다는 의미를 내포한다. 특히 아주 짧게 친 머리는 상당히 파격적인 느낌을 주는데 성인 남성들 중에는 '박력 있어 보이고 싶다'는 생각에 머리를 짧게 미는 경우가 종종 있다. 유난히 동안이라 어린애 취급을 받는다거나 얕잡아 보이는 경험을 한 남자들이 주로 이런 선택을 한다.

남자들에게 짧은 머리는 상대에게 위압감을 줌으로써 우위에 서고 싶다는 무언의 표현인 셈이다. 이렇게 짧은 머리는 강렬한 인상을 주는 동시에, 내면의 불안감이나 순진하고 여린 모습을 숨길 수 있어 탄탄한 갑옷이 된다. 실제로 스포츠머리에 무뚝뚝한 인상의 남자들 중에는 섬세하고 부드러운 반전 매력을 지닌 이들이 드물지 않다.

능력을 돋보이게 하는
비즈니스 소품들

어떤 수첩을 사용할 것인가?

헤어스타일이나 의상이 처음부터 그대로 노출되는 부분이라면, 가방이나 주머니 등에서 꺼내는 소품은 시간 간격을 두고 보여줄 수 있어 또 다른 매력이 있다.

예를 들어 어떤 수첩을 사용하느냐에 따라 각기 다른 이미지를 부여할 수 있다. 매사를 합리적으로 판단하는 계획적인 사람으로 보이고 싶다면, 잠금 장치가 달린 두툼한 시스템 수첩이 제격이다. 작은 노트 형태의 가벼운 수첩에 비해 좀 더 전문적인 비즈니스 도구로 보일 것이다. 최근의 마케팅 데이터를 수첩에 끼워 놓고 때때로 참조하면서 설명을 이어나간다면 설득력이 한층 높아진다. '자기 분야를 꾸준히 공부하는 사람이구나.' 하는 인상을 주기 때문이다.

이것을 소위 후광 효과라고 부른다. 의사나 변호사 같은 전문

기억해두면 유용한 심리학 용어
★후광 효과: 어떤 사람이 가진 두드러진 특성이 그 사람의 다른 특성을 평가하는 데 전반적인 영향을 미치는 현상을 말한다.

174 - 175
수첩 활용법

직이나 대기업 임원은 직함 자체만으로도 뭔가 대단한 사람이라는 이미지를 준다. 그래서 본인의 실제 능력 이상으로 평가하게끔 만드는 것이다.

물론 수첩은 '변호사'나 '이사'라는 직함만큼 큰 위력을 발휘하지는 않으므로 '미니 후광 효과'라고 하면 적당할 것이다. 크든 작든, 내게 작은 능력을 보태줄 후광을 마련해보는 게 어떨까.

캠퍼스 노트로 아이디어를 어필한다

일본의 신규 사업 컨설턴트 고야마 류스케(小山龍介)는 '자기 사전'이라는 방법을 제창했다. 자신이 관심 있는 분야의 정보와 자료들을 캠퍼스 노트에 죽 붙여나가는 것이다.

영국의 심리학자 그레이엄 월리스(Graham Wallace)에 따르

후광 효과는 본인의 실제 능력과 상관없이 '대단한 사람'이라는 인상을 준다.

면, 사람들이 과제를 해결하거나 발상을 할 때는 일반적으로 네 개의 단계를 거친다고 한다. 먼저 '준비기'에는 문제 해결을 위해 최대한 정보를 모은다. 그 다음 '부화기'에는 한동안 문제를 묵혀두면서 아이디어의 싹이 자라기를 기다린다. 그리고 '통찰기'와 '검증기'를 거치면서 번뜩이는 아이디어가 탄생하고 이를 실현할 수 있는지 검증을 마친다.

'자기 사전'은 그레이엄이 말한 준비기와 부화기에 아이디어를 숙성시키는 인큐베이터 역할을 한다. 이런 방법으로 아이디어를 꾸준히 정리하고 발전시킨다면 다른 사람들에게도 기획력 있는 프로페셔널의 면모를 자랑할 수 있을 것이다.

중요한 것은 여기서 캠퍼스 노트의 내용들이 결코 거창할 필요도, 완성형일 필요도 없다는 것이다. '히트 메이커'라 불리는 사람들도 히트작을 만들 확률은 30퍼센트 정도라고 한다. 꾸준히 노력하고 조금씩 앞으로 나아간다는 사실 자체가 스스로에게나 다른 사람들에게 긍정적인 자극이 될 것이다.

인격은 종이 한 장에서도 나타난다

커뮤니케이션은 자신을 노출하면서 시작된다. 격식을 차린 만남에서는 서로 인사를 나누며 명함을 교환하곤 하는데, '저는 이런 사람입니다'라고 소개하는 최초의 자기 노출 행위라 할 수 있을 것이다.

그런 점에서 누군가로부터 받은 명함을 어떻게 다루느냐는 상당히 중요한 문제다. 센스가 없는 사람은 기껏 받은 명함을 테이블 위에 대충 올려놓는다. 한 사람의 분신과도 같은 명함을 성의 없이 다뤘으니, 이후 이 사람이 하는 말이나 행동에서 진정성이 잘 느껴지지 않는다.

반면에 명함을 정중하게 받은 뒤 "지선 씨군요. 앞으로 잘 부탁드립니다"라고 한마디 덧붙이거나, 눈으로 한 번 더 보고서 지갑에 잘 집어넣는다면 이번 만남과 상대를 얼마나 진지하게 생각하는지를 전달할 수 있다.

나를 프로듀스하는 개인 명함

나는 일의 성격상 다양한 사람들로부터 명함을 받는다. 대부분은 회사명과 자신의 이름, 연락처만 적혀 있는 간단한 비즈니스 명함이지만, 개중에는 독특한 것들도 있다. 자신의 사진을 명함에 넣는 경우도 그중 하나다. 평범한 명함보다 확실히 강렬한 인상을 주며, 나중에라도 그 사람 얼굴을 기억할 수 있다는 장점이 있다. 유권자에게 얼굴을 각인시킬 필요가 있는 정치인들이 이런 명함을 종종 사용한다.

한편 명함의 디자인에 신경을 쓰는 사람들도 있다. 흰색에서 벗어나 다양한 색상을 사용하기도 하고, 자신을 상징하는 아이콘이나 그림을 넣기도 한다. 마치 옷을 입을 때 다양한 패션 소품으로 개성을 연출하는 것과도 같다. 상대에게 전달하고자 하는 이미지에 알맞게 명함 디자인에 변화를 주는 것은 바람직하다. 다만 업무용 명함은 일종의 비즈니스 도구라는 사실을 잊지 말아야 한다. 업계 분위기가 유달리 자유로운 것이 아니라면, 반바지를 입고 직장에 가지 않는 정도의 품위를 유지할 필요가 있다.

어떤 명함은 디자인보다 내용을 강조하기도 한다. 일례로 명함 뒷면에 본인의 중요한 경력 사항을 나열해놓는 경우가 있다. 해당 분야에서 어떤 실적과 공로를 거두었는지 간략히 보여주는 것이다. 이런 명함을 사용하면, 대화 도중에도 자신의 능력을 거부감 없이 자연스럽게 소개할 수 있다.

7장의 기억할 이야기들

○ 겉모습을 바꾸면 주위 사람들이 인지하는 내 이미지가 달라지고, 그 결과가 나의 태도와 가치관에 다시 영향을 미친다.

○ '파워 타이'라는 별명이 있는 빨간색 넥타이는 정열과 생명력을 상징하며, 노란색 넥타이는 친근감을 준다.

○ 여성의 올백 머리와 남성의 3대 7 가르마 머리는 정통적인 헤어스타일로, 첫 만남에서 안정적인 느낌과 신뢰감을 준다.

○ 시스템 수첩을 사용하거나, 업무 관련 자료를 수첩에 끼워놓고 참조하면 후광 효과가 나타나 설득력이 높아진다.

○ 명함을 관리하는 방법에 따라, 상대방에게 진지한 이미지를 남길 수도 있고 반대로 성의가 없다는 느낌을 줄 수도 있다.

So busy

girl's just wanna have fun

Bag LOVER

'겉으로 속 읽기'가
중요한 이유

Answer

사람 사이의 관계는 분자의 움직임과도 같다. 온도에 따라 얼음이 물이 되고, 물이 다시 수증기가 되기도 한다. 인간관계에서 '온도' 역할을 하는 것은 거리와 공간이다.

한데 모인 사람들의 움직임에는 어떤 규칙이 있다

거리의
심리학

인간관계란 자석 같은 것

논문에 사용할 데이터를 수집하기 위해 어느 중학교에 들렀을 때였다. 아이들의 목소리와 웃음소리로 복닥거리는 쉬는 시간, 학교 옥상에 올라가 운동장 쪽으로 시선을 옮겼다.

어느새 교실에서 쏟아져 나온 아이들의 움직임을 바라보는데, 신기하게도 어떤 규칙 같은 것이 느껴졌다. 친구들끼리 삼삼오오 모여 있는 그룹이 있는가 하면 다른 아이들과 떨어져서 외따로 다니는 아이도 있었고, 어느 순간 그 아이들이 모여 하나가 되었다가 다시 새로운 그룹으로 나뉘기도 했다.

심리학을 연구하기 전에 화학을 전공했던 나는 이 모습을 보고 분자의 움직임과 비슷하다는 생각을 했다. 물과 얼음은 같은 물질로 이루어져 있지만 분자의 배열에 따라서 물이 되기도 하고 얼음이 되기도 한다. 이때 물을 얼음으로 만들거나 기체로 바꾸는 요인은 '온도'다. 인간관계도 마찬가지여서 친한 친구, 적당한 거리의 지인, 타인, 혹은 견원지간 등 여러 종류의 관계가 존재하지만 근본적으로는 똑같은 인간의 모임이다. 그리고 분자의 배열에 따라서 가장 가까운 사이가 되기도 하고 한없이 먼 서먹한 관계가 되기도 한다.

그렇다면 무엇이 인간관계의 분자 배열에 영향을 주는 것일까? 인간관계에서 '온도' 역할을 하는 것은 거리와 공간이다. 거리가 멀면 온도에 변화가 생기지 않는다. 즉, 서로 간에 아무 일도 일어나지 않는다. 거리가 가까워지면 그때부터 반응이 일기 시작한다. 서로를 더 가까이 끌어당기기도 하고, 반대로 반발하여 밀어내기도 한다. 마치 자석의 N극과 S극이 순식간에 달라붙거나 거침없이 튕겨내는 현상과도 비슷하다.

누군가와의 관계에서 온도 변화를 원한다면 먼저 거리를 좁혀야 한다. '당신과 더 가까워지고 싶습니다', '나는 신뢰해도 괜찮은 사람입니다'라는 메시지를 전달하고 분자의 배열에 새로운 변화가 생기기를 기다려야 한다. 그 과정을 제대로 읽어내고 필요한 순간 한걸음 다가선다면, 얼음 알갱이 같은 단단한 관계를 만들 수 있다.

먼저 알몸이 되자

주관적인 생각일지 모르지만, 요즘의 젊은 친구들은 커뮤니케이션에 상당히 미숙한 듯하다. 누군가와 소통하는 것은 방법과 기술이 필요한 일이다. 필요한 기술이 부족하다면 일면식도 없는 사람과 만나 마음을 터놓고, 서로 친구가 되는 섬세한 과정을 밟아나가기 힘들다.

커뮤니케이션의 가장 기본적이고도 효과적인 방법은 바로 '알몸'이 되는 것이다. 사람은 바깥의 적들과 낯선 이들로부터 자신을 보호하기 위해 여러 겹의 갑옷을 몸에 걸친다. 그런데 이 갑옷은 적만 막는 것이 아니라 같은 편 동료나 친구들까지도 다가오지 못하게 만든다. 상대가 나의 진짜 모습을 알 수 없는 것이다.

심리학에서 흔히 이야기하는 자기 노출(Self-disclosure)이라는 개념이 있다. 말 그대로 나 자신에 대해 드러내 보여주는 행위이다. 바꿔 말하자면, 이는 닫고 있었던 자기 내부의 문을 여는 일이다. 내가 가진 긍정적인 측면과 부정적인 측면 모두가 곧 '나'다. 내가 나로서 타인을 만난다는 것은 상당히 용기가 필요한 일인 동시에, 특별한 쾌감을 주는 일이다.

물론 나의 맨살을 보여주면 상대방이 실망할지 모른다는 생각에 망설여질 수도 있다. 혹은 나는 그 사람에 대해 잘 모르는데

기억해두면 유용한 심리학 용어

★자기 노출: 자신의 신상, 경험, 생각, 감정 등의 정보를 남에게 전달하는 커뮤니케이션. 자기 노출을 하는 사람은 그렇지 않은 사람에 비해 병원에 가는 횟수가 더 적고 특정 질병의 증상이 감소하며 우울이나 불안과 같은 부정적 정서가 줄어든다는 보고가 있다.

나만 갑옷을 벗는 것이 어쩐지 손해처럼 느껴지기도 한다. 하지만 내 생각과 감정은 어떤지, 나의 약점이나 민감한 지점은 어디인지를 솔직히 말할 때 다른 사람도 자신의 갑옷을 덩달아 내려놓게 된다. 모든 인간관계에서 우리는 이렇게 저마다 자신을 노출함으로써 심리적 거리를 조금씩 좁혀나갈 수 있다.

우리는 모두 문을 닫고 있다

인터넷의 장점은 그 안에서 상당히 자유롭고 개방적인 느낌이 든다는 것이다. 드넓은 공간 어디든 접속할 수 있고, 게시판에 글을 쓰거나 SNS 활동을 하면서 열린 형태로 커뮤니케이션을 할 수 있다. 그러나 이런 가상의 커뮤니케이션은 실제 인간관계에서의 소통과는 차이가 있다. 사람과 사람이 서로의 코드를 노출하고 읽는 것이 아니라, 자신에게 유리한 정보만을 일방적으로 전달하기 때문이다.

문제는 이런 손쉽고도 즉각적인 소통 방식에 익숙해지고 나면 좀 더 복잡한 방식은 외면하게 된다는 것이다. 여기에는 소위 고슴도치의 딜레마라는 것이 작용한다. 고슴도치들은 서로 체온을 나누고 싶어도 상대의 바늘에 상처를 입을까 봐 쉽게 다가가지 못한다. 현대의 우리들은 마치 추운 겨울의 고슴도치들과 같다. 고립되어 추위에 떨고 싶진 않지만, 그렇다고 너무 깊숙한

기억해두면 유용한 심리학 용어

★고슴도치의 딜레마: 인간관계에 있어, 친밀함을 원하면서도 동시에 적당한 거리를 두고 싶어 하는 욕구가 공존하는 모순적인 심리 상태를 말한다. 추운 날씨에 고슴도치 두 마리가 모여서 몸을 녹이고 싶어 하지만 서로의 바늘 때문에 접근할 수 없다는, 철학자 쇼펜하우어의 우화에 기원을 두고 있다.

188 - 189
관계의 온도 변화

관계에 감정을 소모하고 싶지도 않다. 그래서 최소한의 온기를 보장해주는 효율적인 소통의 통로로서 SNS와 스마트폰 채팅창에 안착하는 것이다.

하지만 다른 어떤 통로보다도 끊임없이 에너지와 시간을 요구하는 것이 바로 SNS와 스마트폰 메신저다. 나중에는 여기에 피로감을 느끼고 중독 증상마저 겪지만 쉽게 그만둘 수가 없다. 소통의 창구를 넓히려는 노력, 사람과 사람이 직접 부딪치는 부담을 감수하려는 시도만이 새로운 관계를 낳을 수 있다.

아이들에게는 때로 "안 돼"라는 답이 필요하다

아들이 어렸을 때 종종 캐치볼을 함께 하면서 놀았다. 어른과 아이는 실력 차이가 너무 크기 때문에, 아이의 글러브를 향해서 잡기 쉽도록 공을 던져준다. 그러면 아이는 "와, 잡았다!"라고 신나한다. 그러나 이런 식으로 백 번을 반복해도 아이의 캐치볼 실력은 크게 늘지 않는다. 손 안에 저절로 들어오는 쉬운 공만 잡기 때문이다.

포구 실력을 높이려면 어려운 공을 잡는 경험이 중요하다. 실제 경기에서는 공이 잡기 쉬운 쪽으로만 날아오지 않는다. 뜬공, 옆으로 크게 빠지는 공 등이 뒤섞여서 때로는 몸을 날려야 하고 때로는 숨이 차게 뛰기도 해야 한다.

인간관계도 마찬가지다. 원만한 인간관계는 중요하지만, 사람 사이의 일이 늘 예상 가능하고 평탄한 것이 아니다. 그래서 어려운 공도 포구할 수 있는 힘이 필요하다. 살다 보면 비판이나 질책을 받을 때도 있고, 때론 성의를 다했는데 거부당하기도 한다. 야구로 치면 고의적인 빈볼이 난무하는 상황이다. 이런 불편하고 힘든 관계를 적절히 수용하고 대처하는 연습이 필요하다.

"아빠, 장난감 사줘."

"안 돼."

부모가 거절하면 아이는 대부분 화를 낸다. 여러 번 졸라도 반응이 없으면 슬슬 다른 방법을 시도해본다. "그러면 내 생일에는 사줄 거야?"라고 대안을 제시하기도 하고 그래도 안 되면 "앞으로 숙제 열심히 할게"라고 타협을 시도하기도 한다. "이 장난감은 영어 공부도 된단 말이야"라며 설득에 나서는 아이도 있다.

커뮤니케이션 또한 다양한 시도와 노력을 통해서만 향상될 수 있다.

친한 사람에게서 벗어나라

집에서 엄마와 지내던 아이가 처음 어린이집에 가는 날은 한바탕 전쟁이 벌어진다. 엄마 손을 붙들고 떨어지지 않으려 발버둥을 치고, "나 집에 갈래"라며 울음을 터트린다. 익숙한 사람으로 가득한 편안한 집에서 벗어나 이질적인 세계에 던져졌기 때문이다. 어린아이가 이런 상황에서 우는 것은 충분히 이해할 만하지만, 어른이 되어서도 이렇게 행동한다면 미성숙하다는 소리를 들을 것이다.

그런데 안타깝게도 이렇게 '어른이 되지 못한 어른'이 늘고 있다. 이런 사람들은 새로운 관계에 뛰어드는 걸 꺼려해서 최소한의 접촉만 유지한다. 대신에 전부터 알고 지내던 사람이나 좋아하는 친구들로 둘러싸인 좁은 세계에 머문다. 하지만 이래서는 관계의 기술이 결코 늘지 않는다. 이들에게 세상은 늘 낯설고 어색한 공간일 것이며, 어딜 가나 사람을 사귀는 문제로 고민하게 될 것이다.

그래서 나는 대학에서 가르치는 학생들에게 '친한 사람과는 같이 다니지 말라'는 말을 자주 한다. 마음에 들지 않는 사람, 친해지기 힘든 사람과 친해지려고 노력할 때 비로소 사람 사이의 기술이 단련되기 때문이다.

연애를 시작할 때 우리는 상대에 대한 일종의 망상을 품는다. 이 사람은 어떠할 것이라고 나름대로 예상을 하지만 그것이 실제와 일치하는 경우는 거의 없다. 하지만 이상과 실제 사이에 괴리가 있다고 해서 '이 사람은 내가 생각했던 사람이 아니야'라고 판단하고 관계를 포기하는 경우는 거의 없다. 대부분은 '내가 생각했던 것과 다른 면이 있지만 이런 모습도 매력적이야'라고 생각하며 새로운 이미지를 기꺼이 수용할 것이다.

낯섦을 설렘으로 받아들이는 일. 모든 관계에서 필요한 태도가 아닐까 한다.

"알겠습니다"는 커뮤니케이션이 아니다

나는 직업상 오랜 세월 동안 학생들과 생활했는데 최근 들어 '요즘 학생들은 소통의 기술이 참 부족하구나.' 싶은 상황을 자주 접하게 된다.

교사로서 성적이나 출석률이 나쁜 학생이 있으면 따로 불러서 왜 그런지 이야기를 들어볼 때가 있다. 그런데 최근에는 내 앞에서 눈물을 글썽이며 아무 말도 하지 못하는 학생들을 종종 만난다. 학생들이 눈물을 보일 만큼 내가 강압적이었나 싶어 찬찬히 돌이켜봐도 딱히 그렇지가 않다. 나는 그저 이유를 듣고 싶어 물었을 뿐이다. 어떤 이유든 말해준다면 '알았으니 앞으로는 더 열심히 하자'라고 다독여 보냈을 텐데, 그 이유를 말하지 못하는 것이다.

아마도 관계의 기술이 없는 탓에, 그런 상황에서 어떻게 반응해야 할지를 모르는 듯하다. 그저 "죄송합니다", "알겠습니다", "앞으로 주의하겠습니다"라는 말만 반복한다. 그렇게 말하면 용서하고 넘어가 주리라 생각하는 모양이다. 그러나 내가 듣고 싶은 것은 사과가 아니라 이유다. 너무 깐깐하다고 생각할지도 모르지만, 나는 '잘 모르겠습니다'라는 말을 용납하지 않는다. 아무런 설명도 되지 못하기 때문이다. 본인이 '무엇을 모르는지'라도 말을 해야지, 그저 '모르겠습니다'만으로는 해명이 되지 않는다. 말 그대로 의사불통이라 할 만하다.

무엇이든 상대의 요구를 충족시키는 대답을 하지 않으면 커뮤니케이션은 성립하지 않는다. 적당히 얼버무려도 좋고, 하다 못해 거짓말로 둘러대도 당장의 상황은 넘길 수 있다. 그런데 그런 시도조차 하지 않는다는 것은 최소한의 소통 방법을 모른다는 의미다.

그래서 다양한 사람들과 직접 교류하고 코드를 읽는 연습이 중요하다. 관계는 실제다. 부닥치고 경험해야만 알 수 있는 법이다.

마음에 들지 않는 사람에게서 그릇을 키운다

정신의학 박사 사이토 시게타(齊藤茂太)는 '인간관계란 우엉조림 같은 것'이라고 표현했다. 요컨대 씹을수록 깊은 맛이 난다는 뜻이다.

누군가를 판단하기는 쉽다. '왠지 마음에 안 들어', '이런 사람과 가까이 해봤자 나한테 도움 될 게 없을 거야'라고 결론을 내리고 단칼에 관계를 정리하는 경우도 흔하다. 하지만 한번쯤 생각해봤는가? 내가 필요 없다고 생각해서 밀어낸 그 사람들 중에는, 내게 두고두고 좋은 친구가 될 만한 이가 있었을지도 모른다.

실제로 결혼에 골인한 커플들에게 배우자의 첫인상이 어땠는지 물어보면 의외로 부정적이었다는 경우가 흔하다.

"사실 처음에는 정말 마음에 안 들었는데, 어느 순간 그 사람의 진심이 눈에 들어오면서 마음이 움직였어요."

이런 사연을 아마 들어보았을 것이다. 그래서 '왠지 싫은 사람'이라는 생각이 들더라도 관계의 실 한 가닥 정도는 남겨둘 필요가 있다. 완전히 끊어내지 않고 관계를 지속하는 동안 상대의 여러 모습을 보게 되고, 의외로 '꽤 괜찮은 사람', '재미있는 사람'임을 깨닫게 될지도 모른다.

옷깃만 스쳐도 인연이라고 하는데, 여러분이 그 사람과 만난 데는 어떤 이유가 있을 것이다. 첫인상이 어떠했든 일단 서로 부딪치고 적응해보면 자신의 그릇을 키우는 계기가 되기도 한다. 우리는 누구나 '내 모든 것을 있는 그대로 좋아해주는 사람'을 원한다. 내가 사랑하고 평생을 함께할 사람이라면 마땅히 그래야 한다고 생각한다. 그렇다면 내가 먼저 그런 사람이 되어보는 건 어떨까. 사람들의 마음에 드는 점과 그렇지 않은 점 모두를 인정하고 받아들이는 연습을 해보자.

커뮤니케이션 기술

대화를 유도하는 효과적인 도구

낯선 사람과 대화할 때 긴장을 잘하는 사람들은, 자신의 취미나 특기와 관련된 물건을 소지하는 것이 어느 정도 도움이 된다.

예를 들어 마블 영화를 좋아하는 팬이 아이언맨 캐릭터가 그려진 핸드폰 케이스를 사용한다든가, 하와이 여행에서 잊지 못할 추억을 만든 사람이라면 그곳에서 산 열쇠고리를 가방에 달 수도 있을 것이다. 스키가 취미라면 스키 용품 미니어처로 책상이나 차를 장식하는 방법도 있다.

이런 소지품들은 일단 '홈 어드벤티지'를 가져온다. 사람은 누구나 자신의 홈그라운드에서 역량을 발휘하기가 수월해진다. 타인이 침범할 수 없는 자신의 영역이라고 느끼기 때문이다. 익숙치 않은 장소나 낯선 사람들 속에 있더라도, '내 영역'의 일부에 한 발을 디디고 있다는 생각이 심리적 안정을 불러온다.

소지품의 또 한 가지 효과는 대화의 폭을 넓힐 수 있다는 것이다. "마블 영화 좋아하시나 봐요?", "이 열쇠고리는 어디서 사셨어요?" 등 소지품과 관련된 질문을 받게 되면 여기에 답하면서 대화를 자연스럽게 이어나갈 수 있다.

우리는 모두
서툰 사람들

사실은 모두가 인간관계에 서툴다

이 책의 시작 부분에서 얘기했던, 같은 길을 걸어오며 서로 다른 풍경을 본 두 사람의 이야기를 기억하는가? 그때 말했듯이 커뮤니케이션이란 '같지만 사실은 다른 것'을 본 두 사람 사이에 일어나는 행위다. 당연히 오해도 생기고 생각이 어긋나기도 한다. 때로는 도저히 의견의 차이를 좁힐 수가 없는데, 이는 서로 전혀 다른 것을 봤기 때문이다.

매끄러운 커뮤니케이션을 위해서는 상대가 무엇을 보았는지 이해하는 것이 중요하다. 여기에서 주목해야 할 것이 바로 코드다. 상대방의 코드를 이해할 때 비로소 우리는 그 사람의 관점에서 생각할 수 있게 된다. "그건 싫어"라는 말의 이면에는 무엇이 있는지, "잘 모르겠습니다"라는 말은 어떤 감정을 내포하는지를 섬세하게 인지하게 되는 것이다. 그것을 나는 '매직 코드'라고 부른다. 매직 코드를 알면 지금까지 보이지 않았던 타인의 본모습이 보인다.

인간관계가 서툰 사람들은 '나는 성격이 왜 이 모양이어서 사람들과 쉽게 친해지지 못할까?'라고 생각하기 쉽다. 하지만 사실 우리 모두는 관계에 서툴 수밖에 없다. '나'가 아닌 세상 모든 사람들은 그저 타인일 뿐이기 때문이다. 그들의 코드를 읽고 나의 코드를 전달하는 방법을 알아가는 일은 그래서 꼭 필요하다.

'마음의 IQ'가 높은 사람이 고비에 강하다

인간의 지능은 IQ(지능지수)와 EQ(감성지수)로 측정이 가능하다. IQ가 높은 사람은 지식이 풍부하며 그것을 바탕으로 정해진 답을 신속하게 찾아낸다. 한마디로 집중적인 사고 능력이 뛰어난 사람들이다. IQ는 학교 공부처럼 정답이 이미 정해져 있는 문제를 얼마나 빨리 풀 수 있느냐에 관한 능력이다.

한편 '마음의 IQ'라 할 수 있는 EQ가 높은 사람은 정답이 없는 문제에 대해 참신한 해결책을 찾아낸다. 우리 삶에서 문제라는 것은 때로 눈에 보이지 않는다. 아직 드러나지 않은 문제를 발견하고, 그 문제를 해결하기 위한 답을 찾는 힘이 그래서 우리에겐 필요하다. EQ가 높다는 것은 확산적 사고 능력과 창조적 능력이 뛰어나다는 의미다.

EQ가 높은 사람들은 '처리하는 사람'이 아니라 '만들어내는 사람'이다. 경기가 불황일 때도 '만들어내는 사람'들은 타격을 입지 않는다. 어떤 상황에서든, 그 상황에 들어맞는 수요를 창조할 수 있기 때문이다. 불황이라면 돌파구가 필요한 이들을 찾아내어 필요한 가치를 제공하고 대가를 얻는다. 모두의 눈에 보이는 레드 오션이 저물었을 때, EQ가 높은 사람들은 물 만난 고기처럼 제 실력을 발휘하여 블루 오션을 개척한다.

그런 점에서 EQ의 능력은 앞으로의 시대에 살아남기 위해 아주 중요하다. 비단 사업을 할 때만이 아니라 사람과의 관계를 만들어나갈 때도 마찬가지다. 정해진 답을 찾는 방식으로는 사람의 마음을 읽고 움직일 수 없다. 보이지 않는 이면을 바라보고 관계의 틈을 메우는 방법은, 창조적인 EQ의 능력에서 나온다.

매뉴얼의 한계

많은 사람들이 오랜 세월 열심히 공부하면서 IQ를 단련한다. 그런데 EQ를 단련하기 위해서는 어떤 노력을 하고 있을까? 행복한 하루하루를 살기 위해서는 커뮤니케이션 능력이 중요하다고들 말한다. 하지만 시대의 흐름과 함께 커뮤니케이션 능력도 자연스레 발전하는 것은 아닌 듯싶다. 인간관계에 대한 고민이 시간이 지나도 결코 사라지지 않는 것을 보면 말이다.

커뮤니케이션 능력을 키우기 위해서는 자격증 공부를 하듯 공식을 외우고 수험서를 푸는 방법으로는 안 된다. 인간관계에서 매뉴얼이란 한계가 있기 때문이다. 관계에 서툰 사람은 사람의 본질을 알지 못한다. 상대를 제대로 관찰하지 않기 때문에 그 사람이 어떤 때 긍정 신호를 보내는지, 어떤 때는 불쾌해하는지 제대로 파악할 수가 없다. 그래서 터무니없는 실수를 하거나, 반대로 관계에서 아무런 시도도 하지 않아 한 발자국도 전진하지 못한다.

이런 상태에서 인간관계를 개선하는 데 도움이 된다는 책을 읽고 테크닉만 흉내 낸들 효과가 있을 리 만무하다. 매뉴얼은 어디까지나 매뉴얼일 뿐이다. 가장 중요한 것은 자신을 알고 상대를 아는 일이며, 그래서 겉모습에 드러난 코드를 읽는 습관이 필요하다. 물론 공통의 코드를 읽는 힘은 단번에 습득할 수 없다. 인간관계를 빚어나가는 과정 속에서 하나둘 코드가 눈에 들어오고 천천히 몸에 스며든다. 이 코드들을 더 많이 습득할수록, 관계라는 먼 바다를 항해하는 데 꼭 필요한 나침반을 손에 넣을 가능성이 커진다.

세상 속에서 규칙을 발견하기

내가 대학에서 매년 강의하는 과목 중에 '맨워칭 심리학'이라는 수업이 있다. 이 수업에서 필수적으로 거쳐야 하는 실습 과제가 있는데 바로 거리로 나가 사람들을 관찰하는 것이다. 가령 1장에 소개한 '정장을 입고 무단횡단을 하는 남자' 실험을 국내에 적용하면 외국의 사례와 어떻게 다른 결과가 나올 것인지, 혹은 횡단보도가 아닌 다른 곳으로 장소를 바꾸면 결과에 어떤 변화가 생길 것인지를 학생들에게 관찰하도록 한다.

과제를 마친 학생들은 눈을 반짝이며 여러 가지를 보고해준다. "매일 똑같은 횡단보도를 건너면서도 이런 생각은 한 번도 해본 적이 없어요"라며 신기하다는 반응이 줄을 잇는다.

인간의 행동을 새로운 시선으로 관찰하면 예상치 못했던 재미있는 현상이 눈에 들어온다. 학생들에게 그 사실을 알려주고 싶어서 시작한 수업인데, 상당한 효과를 거두는 중이다. 학생들이 제출한 리포트만 봐도, 인간이 보고 싶은 것만 볼 뿐 모든 것을 보지는 않는다는 사실을 잘 알 수 있다.

엄마들은 왜 아이의 오른손을 잡고 길을 건널까?

횡단보도를 건너는 사람들의 행동을 의식적으로 관찰하면 여러 가지 의문이 샘솟는다.

'왜 나이가 많은 사람일수록 길거리 흡연을 많이 하는 걸까?'

'왜 엄마들은 주로 왼손으로 아이 손을 잡고 길을 가는 걸까?'

'왜 신호등이 깜빡일 때 건너는 사람들 중에는 남자가 많을까?'

그러면 이 질문들에 대해 나름의 가설을 세울 수 있다.

'예전에는 지금처럼 길거리 흡연을 강하게 규제하는 분위기가 아니었으니까, 나이 많은 사람들은 옛 습관을 쉽게 버리지 못하는 것일 수 있어.'

'사람들은 대부분 오른손잡이라서 급한 상황에서는 오른손을 사용하겠지. 엄마들은 혹시라도 위험한 상황이 발생했을 때 아이를 보호하기 위해서 오른손을 비워두는 게 아닐까?'

'남자는 타고나기를, 여자에 비해 성격이 급한 걸지도 몰라.'

가설은 맞을 수도 있고 틀릴 수도 있다. 중요한 것은 사람들의 행동 방식에 의문을 제기하고 거기에 스스로 답을 찾으려 노력한다는 사실이다. 그 과정에서 우리는 지금껏 인식하지 못했던 인간의 다양한 일면들을 엿보게 된다.

겉으로 속 읽기가 중요한 이유

지금까지 '외모에서 사람의 심리를 읽을 수 있다'는 주제로 이야기를 나눴다. 인간의 겉모습과 내면은 때때로 일치하지 않는다. 한없이 순해 보이는 사람이 뒤로는 교활한 행동을 하기도 하고, 반대로 인상이 악당처럼 험상궂은데 속마음은 자상한 사람도 있다. 그래서 눈에 보이는 대로 사람을 평가할 수 없다.

사람의 본모습을 읽을 수 있게 되면 새로운 세상이 보인다.

'마음이 약해서 일부러 저런 태도를 보이는 거로구나', '뭔가 고민거리가 있어서 심란한 상태일지도 몰라.' 하는 식으로 상대의 사정을 짐작할 수 있게 된다. 자신의 좁은 상식만으로 남을 판단했을 때는 용납할 수 없었던 것들도 '뭐, 이해 못할 일도 아니네.' 하는 태도로 받아들일 수 있다. 그리고 무엇보다 인간이라는 존재가 얼마나 흥미로운가를 깨닫게 된다. 매일매일 똑같게만 보이던 지루한 일상들이 사실은 새로운 자극과 모험의 요소로 가득하다는 것을 문득 느끼게 되는지도 모른다.

여러분의 일에, 연애에, 그 밖의 다양한 상황에 이 책에서 이야기한 마음 읽기 심리학을 활용해보기 바란다. 설령 한걸음일지라도 앞으로 나아간다면 나와 너의 세상은 점점 바뀌어갈 것이다.

8장의 기억할 이야기들

○ 누군가와의 관계에서 온도 변화를 원한다면, 먼저 '당신과 더 가까워 지고 싶다'는 메시지를 전달하여 서로의 거리를 좁혀야 한다.

○ 나를 먼저 노출하면 상대방도 갑옷을 내려놓고 자신의 본모습을 보여 주기 시작한다.

○ 커뮤니케이션 기술을 향상시키려면 불편하고 힘든 관계, 낯선 사람들 과의 관계에 뛰어들어야 한다.

○ 정답이 없는 인간관계에서는 창조적인 EQ의 능력이 중요하다.

WELCOME

GAIKEN DAKE DE SEIKAKU O MINUKU GIJUTSU
by SHIBUYA Shozo
Copyright © 2009 SHIBUYA Shozo
All rights reserved.
Originally published in Japan by GENTOSHA INC., Tokyo.
Korean translation rights arranged with GENTOSHA INC., Japan
through THE SAKAI AGENCY and ENTERS KOREA CO., LTD.

김정환

건국대학교 토목공학과를 졸업하고 일본외국어전문학교 일한통번역과를 수료했다. 현재 번역 에이전시 엔터스코리아에서 출판기획 및 일본어 전문 번역가로 활동하고 있다. 《로드바이크 진화론》, 《대학에 가는 AI vs 교과서를 못 읽는 아이들》, 《크리에이티브 클래스》, 《일본의 주식 부자들》, 《금방 괜찮아지는 마음》 등을 번역했다.

외모에는 반드시 그 사람의 성격이 드러나게 되어 있다

초판 1쇄 발행 2019년 5월 25일
초판 7쇄 발행 2023년 10월 23일

지은이 시부야 쇼조
펴낸이 정덕식, 김재현
펴낸곳 (주)센시오

출판등록 2009년 10월 14일 제300-2009-126호
주소 서울특별시 마포구 성암로 189, 1711호
전화 02-734-0981
팩스 02-333-0081
메일 sensio@sensiobook.com

편집 임성은
일러스트 김정은
디자인 Design IF

ISBN 979-11-9662-197-1 03320

소중한 원고를 기다립니다. sensio@sensiobook.com